도대체 왜: 그렇게 말해요?

도대체 왜 그렇게 말해요?

함부로 말하는
사람 때문에
상처받는
당신을 위한
대화의 기술

바바라 베르크한 지음
강민경 옮김

함부로 말하는 그 사람
입 다물게 할 순 없을까?

누구나 한 번쯤 함부로 말하는 사람으로부터 언어공격, 즉 '디스'를 당해 몹시 당황했던 경험이 있을 것이다. 당신이 방심하고 있는 사이 상대방이 갑작스럽게 입으로 원투펀치를 날리는 경우 말이다. 무례한 말을 쏴붙이며 당신을 공격하는 상대방에게 당신은 어떻게 대응하는가?

상대로부터 언어공격을 당하는 순간 당신의 뇌는 자동으로 인지 범위를 제한한다. 상대방에게 시선을 고정한 뒤 '실행 모드'에 돌입한다. 공격 준비! 이제 당신은 상대방에게 보복하기 위해 알맞은 반격의 말을 찾는다. 갑자기 초조함이 엄습한다. 열세에 몰려 있으니 무조건 상대방에게 반박하는 말을 해야 한다고 생각한다. 그런데 적절한 답변이 떠오르지 않는다. 짜증이 치솟는다. 마치 구두시험을 망친 것처럼 점점 상황이 당신에게 불리하게 변해간다. 당신이 긴장하면 할수록 공격자는 자신의 승리를 예감한다. 그러다 당신이 불같이 화를 내면 상대방은 생각한다. '정곡을 찔렸나 보네.' 당신의 반응에 상대방은 승자의 미소를 짓는다. 이로써 당신의 답변 여부에 상관없이 상대방의 공격은 이미 위력을 발휘한 셈이 되고, 불쾌감과 패배감은 당신의 몫이 된다.

　일상에서 벌어지는 언어공격에 어떤 말로 대응해야 후회하지 않을까? 이 책을 통해 여러분은 스트레스를 받지 않으면서 무례한 언어공격에 대응하는 전략을 배울 수 있다. 전략을 제대로 활용하면 당신은 최선을 다하지 않고도 다른 사람에게 당신이 기분 나쁘다는 사실을 충분히 알릴 수 있다. 에너지를 소모하지 않고도 상대방에게 태연하게 대처할 수 있게 된다. 여유 있게 미소를 지어도 좋다. 상대방은 허공을 가로지른 자신의 언어공격이 자동 소멸하였음을, 당신에게 손톱만큼의 영향도 미치지 않았음을 깨닫게 될 것이다.

　나는 25년 넘게 의사소통 분야의 워크숍 및 트레이닝을 담당했다. 이 책에 쓴 전략과 팁은 효과가 검증된, 일상생활에서 위력을 발휘하는 말들이다. 가장 좋은 전략은 당신이 당황하지 않고 적극적으로 나서서 대응할 때 싹튼다는 것을 기억하기 바란다. 그리고 자신만의 유머감각을 다듬고 훈련하는 것도 중요하다.

　상대방의 언어공격을 무력화시키는 가장 효과적인 방법은 간단하다. 한두 단어로 짧게 답하는 것이다. 이 방법은 배우기도 쉽고, 활용하기도 쉽다. 평소에 연습을 해두면 마치 조건반사처럼 빠르게 훅 내뱉을 수 있다.

　이 책에는 내가 워크숍과 강연을 통해 만난 사람들의 생생한 언어공격 사례가 담겨 있다. 나는 막말, 심한 잔소리, 은근히 비꼬는 말 등 당신이 일상에서 겪을 수 있는 다양한 언어공격에 대한 대응 전략을 열여섯 가지로 정리했다. 책을 읽으면서 당신만의 대답을 직접 만들어볼 수 있도록 각 장의 마지막엔 실전 연습 코너를 추가했다.

　이 책을 끝까지 읽고 나면 당신은 어떤 언어공격에도 흥분하지 않고, 미소를 머금은 채 되받아칠 수 있는 여유를 갖게 될 것이다. 때로는 당신에게 언어공격을 했던 상대가 당신의 반응에 당황하여 슬며시 꼬리를 내리는 모습도 볼 수 있다. 함부로 말하던 상대방의 입을 콱 막아 버릴 수 있다니, 상상만 해도 통쾌하지 않은가?

또한 당신은 대화 상대에 따라 답변을 조금씩 다르게 구성하는 방법도 터득하게 될 것이다. 각 전략의 핵심을 이해하고 당신만의 언어로 답변을 조율하면 된다. 익숙해지기만 한다면 이제 당신의 대화 상대가 누구든 어떤 상황에 있든, 더는 당신을 말로 기분 나쁘게 만들 수 없다.

일상생활에서 당신이 그동안 주변에 있는 무례한 사람들의 말로 상처를 많이 받았다면, 이 책에 나오는 전략이 당신의 삶을 훨씬 홀가분하게 만들어줄 것이다.

모쪼록 이 책이 당신에게 도움이 되길 바란다.

3장 무례한 저 태도, 대체 불만이 뭔데?
_불쾌한 태도와 시선에 상처받지 않는 법

4장 은근히 비꼬는 저 말투, **정말 듣기 싫어!**
_ 비꼬는 말에 먹이는 통쾌한 한 방

흥분하지 않고 우아하게
막말에 대처하는 법

1장

같은 말도
짜증 나게,
왜 그렇게
말하지?

흥분하면 지는 거야,
침착해!

우리는 때때로 함부로 말하는 사람으로 인해 감정이 상하고 대화가 삐걱대는 상황에 직면한다. 그 사람의 이면에 늘 악의가 숨어 있지는 않다. 천성이 무례하고 비꼬기를 좋아하는 사람도 있기 때문이다. 무례한 사람들은 부주의한 말실수를 연발한다. 아무리 악의 없는 말이라 해도 이런 사람들을 상대하다 보면 스트레스가 쌓이게 마련이다. 그의 말실수는 비수가 되어 우리 마음에 박힌다.

하지만 세상에는 작정하고 입으로 원투펀치를 날리는 사람들도 있다. 당하는 사람 처지에선 말로 얻어맞는 기분이 들지만 사소해서 일견 아무런 해가 되지 않는 공격처럼 보인다. 하지만 이것은 실수로 일어난 일이 아니다. 상대방의 다분한 의도가 숨겨져 있다. 그리고 공격자는 특정한 효과로 목적을 달성한다.

상대방의 언어공격이나 비꼬기가 당신에게 어떤 효과를 일으켰는지는 당신이 공격을 받은 후 어떻게 반응하느냐에 달려 있다. 차분하고 진지한 태도를 유지할 수 있었다면 당신의 내면이 그다지 상처 입지 않았다는 사실을 보여 주는 셈이 된다.

그래서 내가 당신에게 추천하는 첫 번째 전략은 매우 침착하고 냉철한 원래 상태를 유지하는 것이다. 이 전략은 각 개인에 따라 효력이 다르다. 상대방이 당신에게 한 말이 아무런 영향도 미치지 않았다는 태도를 보이는 것이 중요하다. 그렇게 함으로써 자칫 공격에 놀라 당황한 반응을 보이거나 화를 내는 최악의 상황을 모면할 수 있다. 잠시 자신의 내면에 집중하는 시간을 갖자.

상대의 공격에 감정적으로 휘말리지 않고 평정심을 되찾는 데 성공했다면 두 번째 전략을 실행할 차례다. 상대에게 되받아칠 답변을 준비하자. 우선 첫 번째 전략부터 소개하겠다.

정신줄 꽉 잡고 평정 유지하기

상대방에게 무례한 말을 듣고 화가 나서 어찌할 줄 몰랐던 경험을 상상하며 다음 과정을 몇 번 연습해 보자. 평정을 유지할 수 있어야 당신은 나중에 후회하지 않을 대답을 내놓을 수 있다. 말로 공격당했다는 사실을 인식했다면 즉시 그 내용을 자신의 내면에 담아야 한다. 그래야 지금 무슨 일이 일어났는지 객관적으로 판단할 수 있다. 상황을 객관적으로 판단해야 상대방의 공격을 꿰뚫는 현명한 반응이 나온다.

1. 누군가 당신을 무시하는 무례한 말을 한다. 당신은 마치 급소를 맞은 기분이 든다. 스트레스 지수가 서서히 올라간다. 생각을 잠시 멈추고 숨을 깊이 들이쉬도록 하자.

2. 상대방에게서 나온 에너지가 느껴지는가? 그러면 자신의 내면으로 한 발짝 들어가자. 현재 당신의 감정을 그저 느껴라.

3. 상대방의 말에 곧바로 반응할 필요는 없다. 상대방이 말을 끝마칠 때까지 기다려라.

4. 주변이 조용해졌다면 다시 한번 숨을 깊이 들이쉰다. 이제 대화의 주제를 떠올린다. 상대방이 당신에게 하고자 하는 말은 무엇인가? 그리고 당신은 그 말에 어떻게 하면 간단하게, 그리고 담담하게 대답할 수 있는가?

이제 의도적인 언어공격의 예시를 하나하나 뜯어보도록 하자.

"막말도 하루 이틀이지, 더는 못 참겠어"

하이코는 출근할 때 몇 집 건너 사는 동료 미하엘과 카풀을 한다. 둘 다 차가 있지만 두 사람은 매일 한 차를 이용하여 사무실에 간다. 자동차는 교대로 사용한다. 꽤 경제적으로 보이지만 사실 하이코는 카풀이 불편하다. 미하엘이 무례한 말을 서슴지 않고 쏟아 내는 프로 막말러이기 때문이다.

어쩔 땐 미하엘이 차를 타고 가면서 하이코에게 말로 공격하는 재미에 카풀을 하나 싶을 정도다. 전체적으로 보면 아무런 문제가 없다. 미하엘이 몇 번 빈정대거나 궤변을 늘어놓거나 하이코를 넌지시 떠볼 뿐이다. 그러나 하이코로서는 그 상황이 전혀 즐겁지 않다.

예를 들면 이런 식이다. 하이코는 얼마 전부터 채식을 시작했다. 그 후로 미하엘은 이렇게 비아냥댄다.

"요즘 겉멋이 들어 채식하는 사람들이 많아졌더라고요. 그런데 채식 그거, 동물이 먹을 음식을 사람이 뺏어 먹는 거예요. 동물을 잡아먹는 것만큼이나 나쁘다고요.", "남자가 고기를 안 먹으면 허약해서 어디에 쓰겠어요?", "그럼 집에서 바비큐를 해도 두부만 굽겠네요? 웩, 그걸 무슨 맛으로 먹어요?"

하이코는 그런 말을 들을 때마다 화를 내지 않도록 조심했다. 때때로 "그만하세요.", "미하엘 씨야 말로요.", "그럴 거면 걸어가세요."라고 투덜거렸을 뿐이다. 하지만 하이코는 자신의 대답이 마음에 들지 않는다. 아침 출근길부터 미하엘과 이런 식의 대화를 주고받고 나면 하이코는 하루가 통째로 망가진 기분이 든다. 사무실에서도 계속 기분이 나쁘다. 하이코는 나에게 '미하엘의 입을 다물게 만들 방법'을 물었다.

당신의 고통이 상대에겐 놀이일 뿐

내 커뮤니케이션 전략 중에 상대방의 입을 다물게 만드는 방법은 없다. 대신 더 나은 방법이 있다. 둘의 상황을 들어보니 하이코와 그의 동료 미하엘이 주고받는 모든 대화는 마치 등을 맞대고 하는 힘겨루기 놀이처럼 보인다.

힘겨루기는 이렇게 진행된다. 미하엘의 관점에서 동료인 하이코에게 도발하는 말을 던지는 행위는 하이코와 함께 시간을 보내며 '노는' 것을 의미한다. 즉, 미하엘에게 이것은 놀이다. 마치 어린아이들이나 강아지들이 서로 뛰고 뒹굴며 노는 것처럼. 어린아이와 강아지는 싸우고 다투며 논다. 그러면서 누가 더 힘이 세고 주도권을 잡고 있는지 파악한다. 이 모든 과정이 놀이의 일부다. 그들의 놀이는 "이리 와, 우리 같이 뛰어 보자."로 시작된다.

미하엘은 하이코와 '놀기' 위해 의도적으로 '말로 하는 싸움'을 시작한다. 그의 목표는 하이코의 약점이나 취향, 예를 들면 채식주의 식생활 같은 부분을 물고 늘어져 하이코의 반응을 끌어내는 것이다. 미하엘은 이 점을 집요하게 공격한다. 계속해서 떠벌리고 도발하며 오로지 입으로만 하이코의 어깨에 원투펀치를 날린다. 따라서 하이코는 이것을 상대방의 공격 개시로 봐야 한다. 힘겨루기 놀이에서 주도권을 미하엘에게 넘겨주지 않기 위해 하이코는 맞서 싸우고 자신을 지켜야 한다.

미운 말을 골라 하는 사람들의 심리

하이코의 문제는 미하엘의 말을 지나치게 진지하게 받아들였다는 데 있다. 같이 노는 대신 그는 스트레스를 받았다. 미하엘은 하이코의 반응을 자신이 우위에 있다는 신호로 이해했을 것이다. 그렇게 미하엘은 두 사람의 관계 내에서 자아를 형성했다. 미하엘에게는 자신이 강자라는 사실이 달콤한 보상이었기에 똑같은 행동을 반복했다. 미하엘은 공격자가 자신의 자아를 형성하는 행동 패턴을 따르고 있다. '내가 너를 도발하는 한, 나는 승자고 너는 패자야.'라는 식으로 말이다.

마치 아침에 졸음을 쫓으려고 커피를 마시듯, 미하엘은 자신의 자아를 형성하기 위해 하이코를 말로 압박한다. 그렇게 함으로써 재미와 우월감을 맛본다. 하지만 이런 행동은 하이코가 다르게 반응하면 쉽게 역전될 수 있다.

하이코는 직장동료가 자신을 이렇게나 괴롭히는 이유를 이해하지 못하고 있다. 그는 부정적인 추측을 할 수밖에 없다. 가령 미하엘이 일종의 정신적 테러를 가한다거나 자신을 은근히 따돌린다는 생각이다. 하이코가 이런 우울한 가설을 세우는 이유는 그가 자신을 피해자로 느끼기 때문이다.

우리는 스스로가 무력하다고 느낄수록 상대방을 더욱 악독한 사람으로 상정한다. 그러나 우리가 힘을 되찾고 상대방의 행동을 막으면 상황이 바뀐다.

나는 하이코에게 피해자가 된 기분에서 벗어나는 것이 중요하다는 점과 그렇게 되면 마음이 훨씬 편안해질 것이라고 조언했다.

공격적인 말 속에 담긴 정보를 파악하라

상대방의 비우호적인 말에 대답하기 전에 그 말을 주의 깊게 듣고 내가 '품질검사'라 부르는 과정을 거치는 것이 중요하다. 품질검사란 상대의 말 안에 내가 유용하게 쓸 수 있는 내용이 포함되어 있는지 점검하는 과정을 의미한다. 이것이 중요하다고 말하는 이유는 사람들이 늘 객관적이고 정확한 표현을 하지는 못하기 때문이다.

겉으로 보기에 공격적인 상대방의 말 안에는 중요한 메시지가 숨겨졌거나 쌓인 감정이 드러나 있을 수도 있다. 도발처럼 작용하지만, 사실은 잘못 포장된 정보일 가능성도 있다. 따라서 무례하게 던지는 말을 모두 입으로 날리는 펀치라고 생각해서는 안 된다. 놓쳐서는 안 될 무언가가 그 이면에 숨어 있는지도 모르니 기분이 나쁘더라도 바로 반박하지 말고 상대의 도발을 꼼

꼼히 검사하고 정보를 얻어라.

아직 이런 일이 일어난 적은 없지만, 좀 더 구체적으로 설명하기 위해 내 강연에 참석한 수강생이 다음과 같은 말로 나를 '욱하게' 만드는 상황을 가정해 보자.

"강연자님, 대학 졸업하신 거 맞나요? 도대체 어디서 읽기와 쓰기를 배우신 거죠?" 만약 이런 공격을 받는다면 나는 곧바로 쏘붙이듯 대답하지 않을 것이다. 어쩌면 이 사람은 내가 사전에 나눠준 강연 인쇄물에서 잘못된 맞춤법을 발견하고 그것을 알려주고 싶은 마음이었는지도 모른다. 모든 사람이 비판을 논리적으로 표현하는 능력을 갖춘 것은 아니라는 점을 명심하자.

만약 상대방이 당신에게 무언가 중요한 정보를 전달하고 싶어 보이는데 그 정보를 전달하는 말투가 공격적이라 조금 아리송하다면 직접 물어보자. 궁금한 내용을 정확하게 지적함으로써 공격적인 말 뒤에 숨겨진 중요한 정보가 수면 위로 드러나게 만들어야 한다. (이것에 도움이 되는 질문 전략은 뒤에서 배울 수 있다)

그러나 상대방의 말을 곱씹어도 그 내용이 당신에게 아무런 도움이 되지 않는, 그저 당신을 도발하기 위한 헛소리일 뿐이라면 쓸데없이 힘 빼지 말고 반박하면 된다.

패턴을 알면 피할 수 있다

하이코는 가장 먼저 그가 똑같은 공격 패턴에 늘 휘말린다는 사실을 깨달아야 했다. 그것을 깨닫고 나자 인식이 바뀌었다. 여태까지 그는 자신의 동료 미하엘을 그저 개념 없는 막말러라고 생각했다. 하지만 상황을 지켜보는 관점이 바뀌자 미하엘이 마치 어린아이처럼 보였다. 모래밭에서 다른 어린이들의 관심을 끌기 위해 플라스틱 삽으로 상대방의 머리를 때리고 다니는 심술쟁이 어린아이 말이다. 또한, 미하일의 도발은 그저 '함께 싸우며 놀자는 제안' 정도로 보였다.

하이코처럼 상대방이 공격하는 말의 패턴을 훑어보면 상황을 보는 눈이 완전히 달라진다. 우리는 이제 상대방의 말에 특정한 목표가 있다는 것을 정확히 알 수 있다. 그리고 그 말이 우리에게 정말로 효력을 발휘했는지를 판단할 수 있다. 자, 이제 상대방의 의도를 간파했다면 그 상황에서 벗어나기란 식은 죽 먹기다. 오랫동안 공격당해 움츠러든 몸을 펴 보자.

무례한 말에는 무표정, 무반응으로 대응하라

하이코에게서 가장 먼저 바뀐 것은 그의 감정이었다. 그는 더 이상 미하엘 때문에 짜증을 내지 않게 되었다. 미하엘이 자신에게 던진 말싸움 놀이가 얼마나 유치한 일인지 깨달았기 때문이다. 그렇다고 해서 미하엘이 원하는 대로 그의 공격 시도에 응하고 놀아줄 생각도 없었다.

하이코는 출근길에 카풀을 하면서 혼자만의 조용한 시간을 보내길 원했고, 상대방에게 공격당하고 싶지 않았다. 하지만 그가 여태까지 모든 상황을 끝내고자 시도했던 말들은 아무런 결실을 보지 못했다. 예를 들어 "그만하세요."라거나 "전혀 재미있지 않아요."라는 식의 반응은 오히려 상대방을 부추길 뿐이었다. 게임에 참가하고 싶지 않다는 뜻을 분명히 밝히려면 상대방의 도발이 효과적이지 않다는 반응을 보여야 한다. "그건 나한테 먹히지 않아."라는 태도 말이다.

상대방이 공격 시도를 하지 못하도록 원천봉쇄하는 방법은 없다. 다만 상대방의 공격이 나에게 상처를 입히지 않도록 자신을 방어할 수는 있다.

우선 상대방이 기대하는 반응을 보이지 않아야 한다. 곧바로 반박하는 말을 한다면 그것은 당신이 정곡을 찔려 상처를 입었으며 싸움 놀이에 참가했다는 뜻이다. 상대방의 공격을 유효타로 인정하는 꼴이 된다. 충격받거나 당황한 모습을 보여서도 안 된다. 상처 입은 표정도 최대한 잘 숨겨야 한다. 이런 반응을 보이면 상대방은 자신이 이 관계의 지배자라는 사실을 확신하고 당신을 더욱 압박할 것이다. 자신을 방어하고 상대방을 실망시키기 위해 다음과 같은 태도를 보여라. '나는 당신 말에 관심이 없어. 뭐라고 하든지 상관 안 해.'

장난으로 받으면 그대로 지나간다

'상관없어, 관심 없어.' 태도로 응하면 상대방의 도발은 그저 허공을 가를 뿐이다. 당신은 상대방의 펀치에 단 한 대도 맞지 않는다. 맞지 않는 공격은 실패한 공격이다. 마치 공중에 대고 못을 박는 것과 마찬가지다. 당연한 말이지만 공중에 못을 박으면 못은 힘없이 땅으로 떨어진다. 조롱이나 경멸이 담긴 언어공격이 당신에게 닿지 못하도록 전원 플러그를 뽑아 버리자.

나는 모든 언어공격을 공중에서 무력화시켜 곤두박질치게 만드는 대답을 개발했다. 이 대답은 지난 몇 년 동안 셀 수 없이 많은 사람이 공격에서 벗어나도록 도왔다. 핵심은 힘을 들이지 않는 것이다. 도발에 응하지 않고 상대방에게 역공을 퍼붓지 않는 방식으로 대답해야 한다.

'난 아무렇지도 않다.'라는 태도를 보여 줄 답변은 짧고 간결해야 한다. 가장 적절한 대답은 "그래서요?"다. 여기에 상황에 따라 "어쩌라고요?"를 덧붙일 수 있다. 상대방의 언어공격 때문에 불쾌한 상황에 직면했다면 이 짧은 대답을 기억하자.

이렇게 짧은 말로 대답할 때는 약간 밝고 명랑하게 말해야 한다. 그래야 효과적이다. 마치 무중력 공간을 걷는 것처럼 가벼운 말투로, 속으로는 웃음을 삼키면서 "그래서요?"라고 대답하자. 이 전략을 사용하면 공격당하던 사람이 다시 우위에 올라서게 된다. 이것이 바로 이 전략의 가장 중요한 장점이다.

대화 상대방 혹은 공격자가 대화에서 우위를 차지하고 이득을 보도록 두어서는 안 된다. 낮은 위치에 머무르지 말고, 전략적인 대답과 함께 높은 위치로 올라가야 한다. "그래서요, 어쩌라고요?"를 활용하면 내가 우세해질 수 있다. 나는 이런 상황을 땅굴에서 나와 지표면 위로 가는 과정이라고 생각한다.

"그래서요, 어쩌라고요?"라는 짧은 대답은 어쩌면 너무 평범해 보일 수도 있다. 하지만 바로 그런 이유로 나는 이 대답을 가장 좋아한다. 우리 모두가 아는 말이고 일상 대화에서 흔히 쓰이는 말이기 때문이다. 내 강연을 들은 사람들은 이 말을 다양하게 변주했다. 이제 그것을 두 번째 전략으로 소개하고자 한다.

[막말 대응 전략 ②]

웃으며 짧은 말로 반응하기

우선 상대방이 나를 도발하는 상황을 상상하자. 예를 들어 사무실 혹은 길에서 아는 사람을 만났는데, 그 사람이 당신에게 다음과 같은 말로 인사를 한다고 치자.

"오늘 옷이 조금 촌스럽네요. 그런데 ○○씨한테는 잘 어울려요."

이제 당신은 짧은 말로 반응해야 한다. 짧은 대답을 한 다음에는 아무 말도 하지 않는다. 그저 간단하게 몇 글자만 내뱉으면 된다.

1. 평이하지만 많이 쓰이는 짧은 대답

- 그래서요?
- 뭐라고?
- 어머나 혹은 아이고
- 아, 네
- 그렇군요 혹은 그렇구나

2. 나이대가 조금 어린 사람들이 쓸 수 있는 대답

- 헐 혹은 헉
- 그럴 리가!
- 에이, 거짓말
- 어쩔
- 어, 그래
- 대박
- 고마워
- 오~
- 어쩌라고
- 와, 세상에
- 진짜?
- 와, 그렇구나!
- 그래서?
- 응, 너도

3. 이것보다 더 짧게 응수하고 싶을 때 쓰는 대답

- 네
- 휴우
- 그래
- 참나
- 아하

4. 조금 더 길게 말하고 싶을 때 쓰는 대답

- 제가 좋아서 입은 거예요.
- 그렇게 심한 말을!
- ○○씨가 그렇게 말씀하시니 그런가 봐요.
- 괜찮아요.
- 그럴 리가 없을 텐데요?

어쩌면 이 전략이 지나치게 간단해 보여서 당신이 그 효과마저 과소평가할지도 모르겠다. 하지만 간단하다고 해서 효과마저 사소할 거로 생각하면 안 된다. 이런 짧은 대답은 다음과 같은 장점이 있다.

1. 이런 짧은 대답은 언제든 기억하기 쉽고, 생각난 즉시 바로 내뱉을 수 있다. 여태까지 꿀 먹은 벙어리처럼 상대방의 공격에 일방적으로 당하고만 있었다면 언어로 반응을 보이는 것이 중요하다.

2. 짧은 대답으로 당신은 상대방에게 안내방송을 할 수 있다. "우리 열차는 이번 역에 정차하지 않습니다."라는 알림과 비슷하다. 대답할 때 당신이 상대에게 들은 말을 직접 언급하지 않는 편이 좋다. 당신이 해야 할 일은 상황을 더 나쁘게 만들기보다 더 가볍게 만드는 것이다.

3. 한두 단어나 짧은 문장으로 타인과의 관계를 깔끔하게 만들 수 있다. 당신의 말은 상대방에게 상처를 주지 않는다. 그리고 짧은 말로 모든 가능성의 문을 연다. 당신이 장난스러운 대화든 진지한 대화든 모두 응할 수 있는 유연한 사람이라는 인상을 남기기 때문이다.

만약 대화에 주제가 있다면 당신은 짧은 답변을 한 뒤 곧바로 이야기의 주제로 돌아간다. 주제가 없이 흘러가던 대화였다면, 이제 당신이 원하는 대로 상황을 이끈다. 당신이 방향키를 쥐어라. 상황에 따라서는 짧은 대답을 하고 나서 상대방에게 좋은 하루를 보내라는 말을 건네며 작별을 고해도 좋다.

대화의 맥을 끊어야
말려들지 않는다

내가 가장 자주 듣는 질문은 "짧은 대답을 한 후에 무슨 말을 해야 하나요?"다. 짧은 말로 반응하는 전략은 말 그대로 순식간에 끝난다. 숨을 한 번 쉬기도 전에 당신의 대답이 끝나기도 한다. 그러면 폐에 남은 공기를 어떻게 사용해야 할까? 숨을 크게 내쉬고 침묵한다. 이것은 조용히 견디는 방법이다.

시간을 들여 새로운 전략을 익히는 방법도 있다. 이제 당신이 이야기의 주제를 결정해 보면 어떨까? 앞서 나온 짧은 대답으로 당신은 상대방의 공격을 무력화하고 방향키를 손에 쥐었다. 그렇다면 새로운 주제를 던지고 재미있고 신나는 방향으로 이야기를 옮겨 보자. 당신이 언젠가 한번 다른 사람에게 설명해 주고 싶었던 주제를 꺼내는 것도 좋은 전략이다. 화제 전환도 막말 대응 전략에 속한다. 이 막말 대응 전략은 다음에 다시 설명할 생각이다. 그 전에 다시 하이코의 상황으로 돌아가 보자.

누구든 3분만 투자하면 상대방의 공격을 흘려보내는 전략을 배울 수 있다. 이 전략을 배운 뒤 하이코의 짓눌리던 마음이 편안해졌다. 내가 진행하던 세미나에서 우리는 함께 이 전략을 연습했다. 하이코의 경우 그 효과가 곧바로 나타났다. 지금껏 그를 화나게 했던 모든 언어공격에 한두 단어를 짧게 내뱉는 것만으로 그는 스트레스 받는 일 없이 단호하게 대처할 수 있었다. 효과를 경험하자 하이코는 연습을 즐길 경지에 이르렀다. 그는 다음과 같이 연습했다.

공격자: "채식은 동물이 먹을 음식을 빼앗아 가는 거나 다를 바 없죠."
하이코: "그러게요."
공격자: "그건 동물을 잡아먹는 것과 마찬가지로 나쁜 거라고요."

하이코: "그렇군요."

공격자: "그나저나 스테이크도 안 먹는 남자를 힘없어서 어디에 씁니까?"

하이코: "그러게요."

공격자: "그럼 집에서 바비큐를 할 때 두부만 굽습니까? 무슨 맛으로 먹어요?"

하이코: "괜찮던데요."

공격자: "무슨 대답이 자꾸 그래요? 채식만 하는 게 아니라, 말도 그렇게 대충 하기로 했나요?"

하이코: "음, 아뇨."

하이코의 연습 상대는 더 이상 할 말을 찾지 못했다. 연습하는 동안 하이코는 차분하게 말을 이었고 상대방의 말문이 막히자 자신만만한 표정으로 이렇게 물었다.

"이게 끝인가요?"

미하엘의 말 공격에 속수무책으로 당했던 그가 이제는 언제까지든 그 자리에 앉아 바보 같은 언어공격을 계속해서 짧은 말로 쳐낼 자신감을 가지게 된 것이다.

나는 하이코에게 새로운 전략인 화제 바꾸기를 연습해 보면 어떻겠냐고 제안했다. 하이코는 기뻐하며 흔쾌히 승낙했다. 나는 하이코가 이미 짧은 대답 전략을 완전히 자신의 무기로 만들었다는 느낌을 받았다. 더욱 인상적이었던 것은 그가 매우 적극적이고 활달한 사람으로 변했다는 점이다. 하이코가 나를 처음 찾아왔을 당시만 해도 그는 늘 짜증과 불쾌함에 가득 차 있었다. 하지만 이제 그는 매우 평온한 상태에서 "그래서요?"라고 말한다.

공격 잘 당하는 사람들의 특징

주변인들에게 언어공격을 당하는 상황에 자주 놓여 참고 견디는 데 이골이 난 사람들에게는 한 가지 공통점이 있다. 바로 지나치게 얌전하다는 것이다. 이들은 공격자와 맞서 싸우기에 너무 순진하다. 공격자가 상당히 주관적이고 비우호적인 말로 함정을 파 놓으면 얌전하고 순진한 사람들은 어떻게 하는가? 그들은 제 발로 함정 안에 들어간다. 아니면 적어도 함정이 파인 방향으로 움직인다.

공격자가 다음과 같은 언어공격을 한다고 치자.

"그럴 거면 머리는 무겁게 왜 달고 다녀?"

그 말을 들은 얌전한 사람은 똑같은 언어공격으로 보복하고자 한다. 그러다 보면 대답이 공격자의 말과 비슷한 방향으로 흐른다. 예를 들어 "너도 그렇게 똑똑한 건 아니거든." 혹은 "멍청한 건 너겠지."라는 식이다.

공격자와 비슷한 노선으로 가면 결국 상대방이 한 말을 반복하는 꼴밖에 되지 않는다. 나는 이런 상황을 '얌전'하다고 묘사한다. 얌전한 상황에는 두 가지 특징이 있다.

첫째, 당신은 이미 상대방이 날린 펀치를 가만히 맞고 말았다. 매우 얌전하다.

둘째, 앞서 언급한 상황에서 이야기의 주제는 '그 사람의 머리에 들어 있는 것', 즉 지식이다. 그리고 당신은 상대방의 말과 비슷한 대답을 함으로써 같은 주제에 머물렀다. 역시 매우 얌전하다.

개소리엔 딴소리가 답이다

얌전한 상황을 다른 말로 표현하면, 공격자가 언어공격의 수

준과 이야기의 주제를 정한 셈이다. 그리고 소심한 피해자인 당신은 공격자가 정한 주제에 몸을 담그고 그곳에서 헤엄치며 대답을 찾았다. 그러면 공격자는 깨닫는다. '내가 주도권을 쥐고 있구나.'라고 말이다. 그리고 공격자가 계속해서 무슨 일이 일어날지를 결정한다. 피해자는 대화의 틀에 자신을 맞추고 버둥거리며 저항하지만 모든 것은 공격자의 예상 범위 안이다. 이 상황이 이어지도록 두어서는 안 된다.

당신에게 가해지는 불친절한 언어공격을 그대로 감내하고 있을 필요는 없다. 당신은 상황 자체를 바꾸어야 한다. 더 정확히 말하자면, 상황을 바꾼다는 것은 실질적으로 누군가가 당신을 도발하거나 당신에게 상처 입히려는 말을 했을 때 그 대화에 관여하지 않아도 된다는 뜻이다. 가만히 공격을 당한 뒤에 무조건 반격하는 말을 하지 않아도 좋다. 얌전하고 예의 바른 모습을 벗어던지고 장난스럽고 제멋대로인 말로 공격자의 계획을 망치도록 하자. 그렇다고 해서 화를 내라는 말이 아니다. 그러면 어떻게 해야 할까?

첫째, 조바심을 내지 말고 평온한 마음을 유지하는 데 집중하라.

둘째, 공격자가 말한 내용을 비슷하게 되풀이하지 마라. 대신 당신이 원하는 바를 말해야 한다. 즉, 화제를 돌린다.

그럼 이제 연습을 해 보자. 이전과 똑같이 상황을 설정한다. 상대방이 당신에게 "그럴 거면 머리는 무겁게 왜 달고 다녀?"라고 말한다. 이 말을 그대로 상대방에게 되돌려주지 말고 상대방이 예상하지 못한 반응을 보이자. 예를 들어 다음과 같이 대답할 수 있다.

"아, 그런데 갑자기 생각났어. 요즘에 알루미늄 성분이 없는 데오도란트 제품이 점점 더 많아지고 있대. 내가 궁금한 점은 알루미늄 성분이 없는 데오도란트도 스프레이형 데오도란트와 비슷한 정도로 효과적이냐는 거지. 언제 한번 두 제품을 다 사서 비교해 볼 생각이야. 그렇게 해본 적 있어? 알루미늄 성분이 있는 데오도란트랑 없는 데오도란트, 둘 다 써봤어? 나는 아직 안 해봤는데, 아마…"

당신은 이야기의 주제를 완전히 다른 방향으로 돌렸다. 물론 공격자도 이 점을 눈치챌 것이다. 그리고 그 상황이 공격자의 심기를 건드린다. 공격자로서는 자신이 상대방을 조롱하려고 던진 말이 그대로 허공을 가로지르는 꼴이 되었으니 짜증이 날 만도 하다. 모처럼의 노력이 헛수고가 된 셈이니 말이다.

보통 사람이라면 곧바로 그 사실을 지적한다. "너 지금 말 돌린 거야?"라는 식으로 말이다. 그러면 당신은 명랑한 말투로 이렇게 대답하면 된다.

"그래, 맞아. 그래서 말인데, 사람들이 스프레이형 데오도란트를 계속 써야 할까? 환경에 나쁘다는 이야기가 워낙 많아서 말이야. 물론 나는 여태까지 스틱형 데오도란트밖에 쓴 적이 없지만. 난 무향이 좋더라. 그거 이름이 뭐더라? 파란색 통에 든 거."

이렇게 하면 당신은 '당신이 원하는 주제'를 밀고 나갈 수 있다. 그런데도 굴하지 않고 상대방이 공격을 이어 나간다면 어쩔 수 없다. 상대방은 계속해서 이어지는 데오도란트에 관한 설명을 들어야 한다. 아니면 당신이 다시 주제를 전환해도 좋다. 누군가에게 이야기하고 싶었던 주제를 선택한다. 날씨, 교통, 텔레비전 프로그램, 휘발윳값, 요즘 유행하는 신발 등 이야기할 수 있는 주제는 무궁무진하다. 단, 상대방이 당신에게 날린 공격과 같은 주제는 건드리지 않는다.

예의 지키기 위해 참을 필요 없다

화제를 전환하기란 생각보다 어렵지 않다. 세상에는 훨씬 더 건설적이고 중요한 주제가 많은데, 굳이 다른 사람이 당신을 상처 주기 위해 던진 주제를 이어가야 할까?

나는 누구도 상처 주지 않는, 평범하고 흔한 주제로 이야기의 방향을 바꾸기를 권한다. 그 이유는 간단하다. 평범한 주제는 머릿속에 떠오르기 쉽다. 또한, 주제가 해롭지 않을수록 당신은 더욱 자유롭게 주제에 관한 이야기를 펼칠 수 있다.

평소에 꼭 한번 누군가와 이야기를 나누고 싶었던 주제를 선택하라. 그것이 무난하고 흔한 주제라면? 완벽하다! 당신은 예사로운 이야기를 아주 자세하게 늘어놓음으로써 공격자를 응징하면 된다. 어떤 요리의 조리법을 꼼꼼하게 설명해도 좋다. 당신의 지식을 마음껏 펼쳐서 가드를 올리고 상대방의 공격이 들어오지 못하도록 막는다.

당신의 품위와 지식인으로서의 면모를 지켜야 하는 상대라면 경제 상황이나 세계화로 인한 문제 등으로 이야기의 주제를 바꿔 보길 추천한다. 직장동료와 이야기를 나누던 중이라면 회사 일로 화제를 전환하면 되니 매우 편리하다. 상대방이 당신을 이

상하게 쳐다본다면, 다음과 같이 긍정적인 자기과시를 보여 주자.

"아, 그러고 보니 생각났는데 제가 현재 진행 중인 프로젝트가 있거든요. 그런데 요 며칠 프로젝트가 정말 날개 돋친 듯이 진행되는 거예요. 처음에는 매상을 올리기가 조금 어려웠어요. 그런데 마케팅 방법을 바꿔 보니 소셜 미디어를 더 적극적으로 사용해도 될 것 같더라고요."

이 방법은 화제를 전환함과 동시에 당신의 품위와 이미지를 관리할 수 있으므로 일거양득이다. 점점 더 자세한 전문지식을 알리는 데 집중하자. 공격자는 즉시 자신의 공격이 당신의 '커리어 스위치'를 자극했다는 사실을 깨달을 것이다.

만약 그렇게까지 급격한 화제의 방향 전환을 시도하고 싶지 않다면 당신의 휴가계획이나 에어컨에 관한 이야기를 해도 좋다. 당신이 그 상황을 지배해야 한다. 게다가 공격자가 던진 화제보다는 당신이 하는 이야기가 더 오래 들을 가치가 있다.

물론 대부분의 사람이 처음에는 화제 전환을 어색하고 무례하다고 생각해서 이 전략을 제대로 실행하지 못한다. 우리는 타인과 대화를 나눌 때 상대방이 꺼낸 주제를 바탕으로 이야기를 전개해야 한다고 배웠기 때문이다. 이것은 보편적인 예의범절이며 나도 이를 존중한다. 하지만 상대방이 먼저 예의 없는 행동을 보인다면 어떻게 하겠는가? 상대방이 나를 무시하고 모욕하고 상처 입히는 상황에서도 예의를 지키려 노력해야 할까?

그럴 때는 대화 예절이라는 말을 새로 정의해야 한다. 앞서 설명했듯, 누군가가 당신에게 언어공격을 가한다면 상대방의 사정권 안으로 뛰어들지 않도록 하자. 그리고 가능하면 당신이 우위에 서도록, 동시에 분위기를 부드럽게 만들도록 화제를 전환한다. 그렇게 해야 당신과 상대방 모두 서로의 내면 깊은 곳에 있는 악의를 드러내지 않고 상황을 마무리할 수 있다. 난타전을 벌여 봐야 남는 것은 긴장된 몸, 원한과 증오, 불면증, 다량 분비된 스트레스 호르몬뿐이다. 어쨌거나 싸움을 피하는 것이 가장 현명하다.

화제를 전환하는 방법을 사용하면 당신은 스트레스로 인한 질병을 예방할 수 있다. 만약 당신을 지속해서 공격하던 상대방에게 다시 한번 화제 전환의 반격을 가했다면 자기 자신에게 보너스 점수를 줘도 좋다. 타인이 던진 헛소리나 인신공격에 반응하기보다 화제를 전환하라. 그것이 올바른 대화 예절이다.

그렇다면 이제 이야기의 주제를 바꾸고 전개해 나가는 의사소통 전략을 익혀 보자.

[막말 대응 전략 ③]

자연스럽게 화제 바꾸기

상대방이 당신을 완전히 무시하고 할 말을 잃게 만드는 언어공격
을 시도했다고 하자. 예를 들어 다음과 같이 말이다.

"넌 하루라도 안 볼 수 있으면 한 달 동안 휴가를 받은 기분일 텐데."

이런 경우 당신은 다음과 같은 말로 화제 전환을 시도할 수 있다.

- 갑자기 생각났는데…(그리고 당신이 좋아하는 주제를 이야기한다)
- 그러고 보니, 그거 알아?
- 너한테 하려던 말이 있었는데, 지금 생각났어!
- 그 말을 들으니까 생각나서 말인데…
- 잠깐만, 지금 생각난 게 있어서 그러는데 내 말 먼저 들어봐.

그리고 곧바로 당신이 즐겁게 이야기를 펼칠 주제를 꺼내면 된다.
특히 당신이 좋아하는, 그래서 오랜 시간 지치지 않고 떠들 수 있
는 화제를 선택하라.

하고 싶은 말을 하며 공격을 막아 내는 법

화제 전환 전략을 다시 한번 연습해 보자. 그러면 우리는 이 전략이 얼마나 간단하고 쉬운지, 그리고 얼마나 우호적인지 알게 된다.

공격자: "널 하루라도 안 볼 수 있으면 한 달 동안 휴가를 받은 기분일 텐데."

당신: "휴가라는 말을 들으니 생각났는데, 올해 다시 이탈리아의 가르다호에 가볼까 해. 내가 거기를 엄청 마음에 들어 했던 거 알지? 물이 어찌나 맑고 예쁘던지! 주변 경관은 또 어떻고?…"

그다음은 마음 편히 가르다호와 주변 풍경의 아름다움을 찬양하면 된다. 당신의 기분을 상하게 하려던 상대방의 공격은 당신의 즐겁고 신나는 이야기에 힘을 잃었다.

앞서 언급했듯 공격자가 당신의 화제 전환에 대해 또 다른 공격을 할 수 있다. "너 지금 말 돌린 거야?"라고 말이다.

자, 그러면 이제 당신은 두 가지 전략을 한꺼번에 사용하면 된다. 제일 처음 배운 짧은 대답을 사용한 뒤, 화제를 전환해 당신이 하고 싶은 이야기를 한다.

공격자: "너 지금 말 돌린 거야?"
당신: "그런가? 아, 그러고 보니 또 생각났는데 가르다호에서 먹었던 음식 말이야. 어떻게 그렇게 맛있는 음식이 있지? 이름은 모르겠는데, 거기서 피자를 먹었거든. 그런 피자는 생전 처음 먹어 봤어! 정말 환상적이더라고. 그리고 면 요리를 먹었는데…"

상대방이 어떤 말로 공격하든 당신은 계속해서 이 전략을 활용하면 된다. 상대방은 손톱을 날카롭게 세우고 당신에게 달려들겠지만, 또 허탕이다. 당신이 공격에 반응하지 않기 때문이다. 당신은 그저 만족스러운 표정으로 평소에 설명하고 싶었던 내용을 이야기한다. 이것은 당신이 공격자를 처단하는 방식이다. 이렇게 하면 당신은 별다른 어려움 없이 상대방의 언어공격을 막을 수 있다.

공격자가 불편해하는 화제를 선택하라

케르스틴은 대기업의 기술 부서에서 일하는 몇 안 되는 여성 사원이다. 나는 한 강연회에서 그녀를 만났다. 케르스틴은 내 책을 몇 권 읽었는데 그 덕에 회사 생활을 더 수월하게 헤쳐 나갈 수 있었다고 말했다. 그녀는 수많은 남성 사원들과 함께 일한다. 그녀가 젊고 아름답다 보니 주변 동료들로부터 '특정 방향'을 암시하는 말을 자주 듣는다.

예를 들어 이런 내용이다. 회의하던 중 고객사 손님들이 회사의 기술 상품을 보러 방문한다는 이야기가 나왔다. 한 동료가 케르스틴에게 이렇게 말한다.

"손님이 오면 특별한 인상을 남기는 게 어때요? 섹시한 하이힐도 신고, 미니스커트도 입고요. 그러면 고객도 보러 오는 맛이 나겠죠."

나머지 남성 동료들은 케르스틴이 어떤 반응을 보일지 흥미진진하다는 듯 쳐다본다. 예전이었다면 케르스틴은 그 말에 화를 내며 동료와 말다툼을 벌였을 것이다. 이제 그녀는 더 나은 전략을 활용한다. 짧은 답변을 내뱉은 후 곧바로 화제를 바꿔 버린다.

하이힐과 미니스커트를 입으라는 남성 동료의 제안에 케르스틴은 "같이 해요!"라고 대답한다. 그 말을 제대로 이해하지 못한 동료에게 그녀는 "당신이 똑같이 입으면 저도 그렇게 입겠다고요."라고 자세히 설명한다. "당신이 하이힐에 미니스커트를 입고 와서 손님을 접대한다면 저도 기꺼이 그렇게 하겠다는 뜻이에요. 아니면 제가 고객한테 메일이라도 보내 볼까요? 당신이 무슨 옷을 입을 예정인지 미리 전달해 두게요."

케르스틴은 나에게 자신이 예로 들었던 것과 비슷한 언어공격이 발생할 때면 자신이 곧바로 상대를 제압하고 대화의 주도권을 가져와 버린다고 말했다.

"저는 화제를 바꾸고 곧바로 상황을 제어해요. 예컨대 동료에게 어떤 일을 마저 처리해야 하는지 직접 물어보죠. 손님 접대할 계획은 세웠나요? 프레젠테이션은 준비됐고요? 마케팅부서에는 연락했나요? 이런 질문은 전부 내 머릿속에 차곡차곡 쌓여있어서 버튼만 한 번 누르면 쏟아져 나오죠. 그러면 남자들 얼굴에서 웃음이 사라져요."

케르스틴은 기쁨에 찬 얼굴로 나를 쳐다보았다. 그녀에게서는 사무실의 언어공격자들을 제압했다는 자신감이 흘러넘쳤다. 확실한 것은 케르스틴이 남성들로 둘러싸인 환경에서 도망가

거나 숨지 않으면서 자신의 자리를 지킬 방법을 찾았다는 사실
이다.

케르스틴처럼 상대방의 공격을 방어하는 동시에 당황하게 만
들고 싶다면 상대방이 불편해하는 화제를 일부러 선택하는 것
도 좋은 방법이다. 예를 들어 건강검진 결과나 작심삼일이 되어
버린 계획, 원형 탈모 같은 이야기로 화제를 전환하여 상대에게
질문을 던져 보라.

무례한 질문엔
애매모호하게 반응하라

!?

대화를 나누다 보면 불편한 언어공격만 존재하는 것이 아니다. 무례한 질문도 있다. 누군가가 당신의 사생활을 지나치게 침해하는 질문을 한다면 어떻게 방어태세를 취하겠는가? 예를 들어 이런 질문이 있다.

"채식주의자시라고요? 흠, 채식하면 성기능이 많이 떨어진다던데, 부인이 상관없대요?" 혹은 "고객이 오시는 날에는 미니스커트를 입는 거죠? 에이, 당연히 그럴 거죠?"

당신은 이런 질문도 힘들이지 않고 받아넘길 수 있다. 하지만 그 방법을 배우기 전에 당신이 그동안 받아 보았던 불편하고 불쾌한 질문들을 한번 떠올려 보도록 하자.

일반적인 질문은 의사소통을 원활하게 만든다. 당신은 모든 질문에 답할 수 있지만, 반드시 그렇게 해야 하는 것은 아니다. 더구나 그 질문이 뇌를 거치지 않고 곧바로 입 밖으로 튀어나온 말이라는 생각이 들 정도로 무례한 질문이라면 대꾸할 필요 없다. 허공을 가로지르도록 그대로 두면 된다.

우선 직설적으로 "그 질문에는 답하지 않겠어요.", "노코멘트예요."라고 말하는 방법이 있다. 혹은 약간의 재미를 더해 연막작전을 펼칠 수 있다. 연막작전이란 상대방의 질문에 대답하지 않는 간단한 방법이다. 질문에 대한 답은 하지 않는 대신 다른 말을 사용하여 답한다.

예를 들어 "글쎄요, 한번 보죠." 같은 대답 말이다. 이런 대답은 추상적이고 애매모호하며 실체가 없으므로 상대방이 더 파고들기 쉽지 않다. 이제 애매모호한 대답을 통해 상대방의 공격을 무효화시키는 전략을 익혀 보자.

애매모호한 대답으로 공격 무효화하기

애매모호한 대답은 언뜻 당신이 상대방의 무례한 질문에 대답하는 것처럼 보인다. 하지만 사실은 그렇지 않다. 이것은 상대방의 질문이 당신의 관문을 그냥 통과하도록 문을 열어 주는 대답일 뿐이다.

> "채식주의자시라고요? 흠, 채식하면 성기능이 많이 떨어진다던데, 부인이 상관없대요?"

연막작전을 펼 수 있는 답변 예시를 살펴보자.

- 그럴걸요?
- 오, 그거 중요한 질문이네요. 아직 결론은 안 났어요.
- 강요할 순 없으니까요.
- 바빠서요.
- 언젠가 밝혀지겠죠.
- 답은 이미 알고 계시잖아요.
- 한번 생각해 보고 알려 드릴게요.
- 글쎄요, 한번 보죠.

애매모호한 대답을 한 후에는 침묵을 지킨다. 부가설명도 정당화도 필요 없다. 상대방에게 당신의 답에 대해 스스로 생각할 시간을 부여한다. 만약 상대방이 당신에게 대체 무슨 뜻으로 한 말이냐고 다시 묻는다면 이렇게 답하라.

"알아서 생각하세요!"

대담하고 씩씩하게
"그래서 어쩌라고?"

⟨!?⟩

　당신이 인식하고 있는지 아닌지 모르겠지만, 당신은 주변 사람들에게 자신이 어떤 의사소통 방식에 가장 영향을 많이 받는지 늘 보여 주고 있다. 그것은 은연중에 드러나기 때문이다. 따라서 상대방은 늘 당신이 타격을 받을 거라 생각되는 도발이나 언어공격으로 당신의 발을 걸고넘어지려고 시도할 것이다. 이것이 단지 '시도'일 뿐이라는 점에 주목하자. 상대방의 공격 시도가 효과를 나타낼지 여부를 결정하는 사람은 바로 당신이라는 점을 깨닫는 것이 중요하다.

다시 한번 요약하자면 당신은 상대방의 도발과 언어공격을 세 가지 간단한 전략으로 퇴치할 수 있다.

- 짧은 대답
- 화제 전환
- 연막작전

이 전략은 일상생활에서 사용하기 좋으며 세 가지 장점이 있다.

첫째, 세 전략 모두 간단하고, 누구나 알아듣기 쉬우며 응용하기 쉽다.

둘째, 세 전략 모두 재미있고 재치 있다. 당신은 기분 나쁘다는 듯 찡그린 표정이 아니라 즐겁다는 미소를 짓고 답하면 된다.

셋째, 당신은 오히려 이 전략들을 시험해 보기 위해 상대방의 다음번 공격을 기다릴지도 모른다.

당신이 이런 전략을 사용하여 반응하면, 상대방은 당신이 어리석은 시도에 같이 놀아 주지 않는다는 사실을 깨닫는다. 당신이 늘 무례한 발언을 노련하게 받아넘기면 상대방은 성취감을 맛볼 수 없다. 당신을 건드려도 얻을 것이 없으니 또 다른 싸움을 걸어오지 않게 된다. 그러면 공격 횟수가 점점 줄어들고 당신은 도발에서 자유로워진다. 인간은 흥미가 떨어지는 일을 오랫동안 반복하지 않는 동물이기 때문이다.

누군가가 당신에게 말로 싸움을 걸더라도 이제 당신은 상대방의 헛소리를 힘들이지 않고 흘려보낼 수 있다. 대담하고 씩씩하게 "그래서 어쩌라고?"라고 말하면 된다! 당신이 처한 상황에 꼭 맞는 전략이다. 이로써 상대방이 시작하려던 말싸움을 당신이 끝낸다. 그리고 당신은 태연하고 침착하게 가벼운 마음을 유지하면 된다.

막말에 대응할 나만의 답변 만들기

이제 앞에서 배운 세 가지 전략을 활용하여 당신만의 아이디어가 담긴 대답을 만들어 보자. 일상생활에서 사용 가능한 대답을 생각해 내는 데 집중하자. 그리고 그 대답을 소리 내어 읽으며 마치 교과서를 읽는 뻣뻣한 대답이 아니라 매끄러운 말이 되도록 연습하자. 세 살배기 아이도 할 수 있을 만큼 간단한 일이다.

1. 자신만의 짧은 대답 만들기

당신이 평소에 자주 사용하는 감탄사, 단어, 문장 등을 생각해 보자. 우선 여러 상황을 떠올려 본다.

맛있는 아이스크림을 먹었을 때 당신은 어떤 말을 하는가?

_____

_____

우체통에서 오랫동안 만나지 못한 친구에게 반가운 엽서가 도착한 것을 발견한다면 어떤 말을 하겠는가?

_____

_____

당신이 매우 놀랐을 때 자연스럽게 나오는 말, 혹은 고향 방언은 무엇인가?

_____

_____

당신이 아끼는 컵, 찻잔 등을 떨어뜨렸을 때 어떤 혼잣말을 하는가?

_____

_____

_____

앞서 언급한 상황에서 당신이 하는 혹은 할 것 같은 말을 다양하게 조합해 당신만의 고유한 짧은 대답을 만들어 보자. 여러 번 고치고 단어를 바꾸면서 대답을 완성한다.

이제 당신이 만든 짧은 대답을 적어 보자.

_____

_____

_____

_____

당신이 이 짧은 대답을 하는 동안 얼굴에 더 진한 미소가 번질수록 그 대답이 당신에게 잘 맞는다는 뜻이다.

2. 화제 전환에 사용할 수 있는 관심 주제 선정하기

상대방의 무례한 질문이나 발언을 손쉽게 받아넘기려면 평소에 관심 가는 주제를 생각해 두는 편이 좋다. 왜냐하면, 화제를 전환하고 싶은데 아무런 주제도 떠오르지 않아 당황하게 될 수도 있기 때문이다. 이제 연습을 통해 이런 가능성을 원천봉쇄하자. 오래 생각하지 않고도 어느 순간, 어느 장소에서나 화제 전환에 사용할 수 있는 주제를 몇 가지 적어 둔다. 이것을 기억하면 당신은 어떤 상황에서도 당황하지 않고 다른 주제를 꺼낼 수 있다.

당신이 최대한 오랜 시간 말을 이어갈 주제를 몇 가지 선택하는 것이 좋다. 말하면서 점점 신이 나는 주제라면 더욱 좋다. 밝고 명랑한 주제로 이야기하다 보면 말이 청산유수처럼 흐를 뿐 아니라 뇌에서 엔도르핀이 분비된다. 엔도르핀은 고통을 줄이고 편안함을 느끼게 만드는 신경전달물질이다. 즐거운 마음으로 신나서 얘기할 수 있는 주제로 예를 들어 먹는 것과 관련된 걸로 연습해 볼 수 있다.

최근에 당신이 가장 자주 먹는 야채는 무엇인가?

_____

_____

_____

당신은 야채를 어떻게 조리하는 것을 선호하는가? 추천할 조리법이 있는가?

_____

_____

_____

_____

3. 애매모호한 대답 만들기

이제 당신만의 연막작전을 세워 보자. 당신의 기억과 어휘력을 더듬어 애매모호한 대답을 완성한다.

당신이 아직 어렸을 때를 기억하는가? 당신의 부모님 혹은 조부모님은 생일이나 크리스마스에 어떤 선물을 받고 싶은지 당신이 물어봤을 때 어떻게 대답했는가? 애매모호하게 답변하셨는가? 기억에 떠오르는 답변을 적어 보자.

_____

_____

_____

어린 시절 부모님이 성적이나 학업 성취도가 어떤지 물어봤을 때 당신은 어떻게 대답했는가? 그중에 애매모호한 답변이 있었다면 적어 보자.

_____

_____

_____

친구가 당신에게 이사를 도와 달라고 말했다. 거절하고 싶지만 직설적으로 거절하지 못할 때, 어떻게 말하겠는가?

앞서 적어 본 답변을 조합하고 변형해서 현재 당신이 활용할 수 있는 애매모호한 답변을 완성하고 적어 보자.

어떤 상황에서 이 답변을 사용하겠는가?
모쪼록 여러분에게 행운을 빌겠다.

"남을 존중하는 법을 배우라고!"

열두 살쯤 되어 보이는 한 학생이 플랫폼에서 문이 열린 채 출발 대기 중이던 전철에 올라탔다. 그 학생보다 더 어린아이가 다리를 절며 플랫폼에 나타났다. 아이는 목발을 짚고 있었다. 열린 전철 문 가까이에 서 있던 학생이 아이에게 소리쳤다.

"야, 느림보! 빨리 와! 좀 뛰어 봐, 멍청아!"

아이는 목을 움츠리더니 다시 절뚝이며 걷기 시작했다.

"야, 절름발이! 빨리 오라고! 빨리 걸으면 탈 수 있어!"

학생이 전철 밖으로 계속해서 소리쳤다. 그때 두 남자가 플랫폼에 나타났다. 두 사람 다 몸집이 크고 근육질이었다. 검은 옷을 입고 팔과 목에는 문신이 있었다. 옷에 해골이 그려진 것으로 보아 헤비메탈 팬인 것 같았다. 두 사람은 학생이 아이를 향해 "절름발이"라고 외치고 있는 문을 통과해 전철에 올라탔다.

한 남자가 학생을 내려다보더니 느릿하게 말했다.

"이봐, 꼬마야! 지금 뭐 하는 거야? 저 아이는 장애가 있다고. 남을 비하하지 마라!"

헤비메탈 팬들은 자리를 찾아갔다. 학생은 눈들 동그랗게 뜨고 그들의 뒷모습을 쳐다봤다. 다른 한 남자가 자리에 앉으면서 학생에게 말했다. "남을 존중하는 법을 배우라고!"

학생은 고개를 끄덕였다. 평생 잊지 못할 교훈이었다.

자꾸만 선을 넘는
프로 오지라퍼 상대하는 법

2장

이래라 저래라, 쓸데없는 간섭 그만 좀 해!

간섭하지 않는 것이
관계의 기본이다

"누가 음식 맛도 안 보고 소금을 그렇게 무더기로 넣어요?"

악셀은 이 말에 기분이 팍 상하고 말았다. 점심시간을 함께 보내던 직장동료가 한 말이다. 다른 팀원들도 같은 자리에서 그 말을 들었다. 이 동료는 평소에도 이런 식의 말을 자주 한다. 그녀의 주요 관심사는 악셀의 식습관이다. 밥을 같이 먹을 때 그녀는 악셀에게 잔소리를 대량 방출한다.

우선 그녀는 악셀의 음식 씹는 습관이 마음에 들지 않는 모양이다. 그렇게 대충 씹고 넘기면 건강에 좋지 않다고 말한다. 악셀이 탄수화물을 지나치게 많이 섭취한다고도 충고한다. 그리고 앞서 나온 대사와 같이 악셀이 먹는 소금의 양에까지 관여한다. 그녀는 악셀의 식습관을 도무지 이해할 수 없는지 그 사실을 끊임없이 지적한다.

"반복되는 간섭, 벗어나고 싶어"

악셀은 완전히 질렸다는 표정으로 나를 찾아와 자초지종을 설명했다. "이제 더 이상 듣고 있을 수가 없어요. 그 동료는 마치 엄마처럼 군다고요."

나는 악셀에게 여태까지 동료의 말에 어떻게 반응했는지 물었다. 대부분의 경우 그는 들은 체하지 않았다고 한다. 그 말이 한 귀로 들어와 다른 쪽 귀로 흘러 나가도록 두었다는 것이다. 동료의 충고를 듣고 싶지 않았지만 속으로만 짜증 낼 뿐 가만히 있었다. 그는 매 순간 그 동료로부터 언어공격을 당한다고 느꼈다. 하지만 그 말에 어떻게 대응해야 하는지 아무런 생각이 떠오르지 않았다.

매번 식사를 함께할 때마다 악셀은 동료의 시야에 들어가지 않는 자리, 최대한 그녀와 멀리 떨어진 자리를 골라 앉았다. 어쩌다 실수로 그녀와 마주 보고 앉기라도 하면 점심시간이 엉망이 될 테니까 말이다. 그녀는 심지어 악셀에게 음식을 어떻게 꼭꼭 씹어야 하는지 직접 보여 주며 3D 영화 관람 체험을 시켜 주기도 했다. 당연히 나머지 팀원들은 재미있다는 듯 그 광경을 보고 있었다. 악셀은 아무도 없는 곳에서 혼자 점심시간을 보내고 싶다고 고백했다.

간섭은 타인의 영역을 무시하는 태도다

악셀의 사례를 자세히 들여다보자. "누가 음식 맛도 안 보고 소금을 그렇게 무더기로 넣어요?"라는 말 자체에는 아무런 모욕도 무례도 없다. 하지만 짜증을 유발하는 무의식적인 메시지를 담고 있다. 이 직장동료는 악셀의 개인적인 영역 안에 발을 들여놓았고 악셀은 그 사실에 화가 났다.

타인이 아무런 예고도, 양해도 없이 개인 영역에 침범하면 누구나 기분이 상한다. 악셀의 동료처럼 다른 사람의 영역을 침범한 사람은 간접적으로 이런 말을 하고 있다. "당신은 지금 내 도움, 내 조언, 내 지휘가 필요해. 왜냐하면 지금 잘못된 행동을 하고 있으니까." 다시 말해 "당신은 틀렸고, 내 말은 옳아."라는 태도다. 우리는 그것을 공격으로 받아들일 수밖에 없다.

어떻게 보면 당연한 일이다. 누구나 자신만의 영역을 가지고 있다. 그리고 우리는 이 영역의 경계가 잘 지켜질 때 타인과 좋은 관계를 유지할 수 있다.

이곳부터는 나의 영역입니다.
여기서부터는 제가 결정합니다.
그리고 그곳은 당신의 영역입니다.
거기서부터는 당신이 결정합니다.

인간관계에서 이렇게 간단한 규칙만 지켜진다면 수많은 불필요한 갈등을 미연에 방지할 수 있다. 우리는 타인의 생활방식과 결정을 존중하는 모습을 보여야 한다. 반대로 타인 역시 우리의 생활방식과 결정을 존중하고 간섭하지 않도록 행동해야 한다. 긍정적인 관계를 구축하려면 확고한 경계 설정이 필요하다.

"당신이 누군가와 함께 있을 때 애정을 표현하는 가장 좋은 방법은 그 사람의 일에 개입하지 않는 것이다." 세계적인 영적지도자인 바이런 케이티가 한 말이다. 간섭하지 않음으로써 상대의 영역을 존중하는 것, 이것이 관계의 기본 원칙이다.

물론 예외는 있다. 상대방이 자기 일을 스스로 해결할 수 없다면 누군가가 개입해야 한다. 예를 들어 상대방이 어린아이이거나, 도움이 필요한 사람이거나, 긴급한 상황에 처한 사람이라면 말이다. 긴급한 상황에 처한 사람이란 전쟁 난민, 수재민, 사고 피해자 등을 말한다. 주의해야 할 점은, 예외적인 상황이 발생했다 할지라도 상대방이 성인이라면 그 사람 스스로가 처리할 수 있는 영역을 어느 정도 존중해야 한다는 것이다. 그렇지 않으면 다툼이 벌어지기 쉽다.

필요한 정보인가, 지적질일 뿐인가?

상대방의 간섭을 차단하기 전에 우선 '품질검사'를 하는 편이 바람직하다. '상대방의 간섭이 당신에게 유용한 조언인가?'를 따져 보는 것이다.

예를 들어 보자. 만약 내가 운전하는 자동차의 옆자리에 탄 배우자가 나의 운전 방식에 간섭한다면 그것은 내 영역에 침범한 것이다. 내가 운전자고, 내가 차를 제어한다. 조수석에 탄 사람은 때때로 내 입에 사탕을 넣어 주거나 내비게이션을 보고 나에게 적절한 방향을 알려 주는 것이 역할이다. 그런데 만약 옆 사람이 이렇게 소리친다면 어떨까?

"아니, 지금 대체 뭐 하는 거야? 운전을 왜 그렇게 해?"

이것은 명백한 간섭에 속할 수도 있지만, 내가 만약 일방통행로에서 잘못된 방향으로 가려던 참이었다면 불필요한 간섭이 아니다. 잘못된 운전이 큰 피해를 불러일으킬 수 있기 때문이다. 그리고 이런 상황에서라면 상대방의 간섭이 양쪽 모두에게 매우 유용하고 중요하다. 이것이 내가 말하는 품질검사다.

누군가가 당신의 영역에 침범했다면 우선 그것이 당신에게 이익이 되는지 따져라. 상대방의 간섭에 반격하기 전에 그 사람이 당신에게 꼭 필요한, 혹은 중요한 정보를 전달하려는지 짧게 생각해 보자. 그리고 그것이 어디에도 해당하지 않는다면 그때 선을 긋고 간섭을 거절하면 된다. 상대방의 말이 유익하다고 생각한다면 감사를 표하자.

선을 넘는 조언은 거절해도 된다

실용적인 전략을 배우기 전에 다시 한번 악셀과 동료의 상황을 떠올려 보자. 악셀은 다른 모든 사람과 마찬가지로 오로지 자신만이 형성한 삶의 영역을 가지고 있다. 음식을 어떻게 먹을지, 무엇을 먹을지, 어떤 속도로 먹을지 하는 모든 일은 그가 신경써야 하는 그만의 영역이다. 영역 내에서는 악셀이 모든 것을 결정한다. 그래서 악셀은 그의 식습관에 대한 동료의 의견이 영역 침범으로 느껴져 상당히 짜증이 났다. 안타깝게도 여태까지 악셀은 경계를 명확히 설정하지 않았으며 상대방의 간섭에 반격하지도 않았다. 그저 입을 다물고 있었을 뿐이다. 이럴 경우 상대방은 악셀이 자신의 말을 귀담아듣고 있을 거로 생각할 확률이 매우 높다. 즉, 상대방이 악셀의 침묵을 잘못 이해한 셈이다.

직장동료의 관점에서 보면 그녀는 그저 악셀을 식습관이 건강에 좋지 않다고 생각하고 그를 돕겠다는 선량한 마음으로 몇 가지 조언했을 뿐이다. 어쩌면 아는 것이 많다는 사실을 악셀에게 보여 주고 싶었는지도 모른다. 그녀는 악셀에게 조언하는 과정에서 자신이 악셀의 개인 영역을 침범했다는 인식이 전혀 없을 가능성이 크다. 그러므로 이런 상황에서는 명확하고 단호한 의사소통이 필요하다. 예컨대 "여기는 제 영역입니다. 제가 옳다고 생각하는 방식대로 할 겁니다."와 같은 식으로 말이다.

악셀은 동료에게 자신이 먹는 방식은 자신이 신경 쓸 일이며, 도움이나 조언은 필요 없으니 상관하지 않아도 된다고 말할 수 있었다. 이처럼 분명하게 경계를 설정했다면 그의 점심시간은 훨씬 즐거워졌을 것이다. 악셀은 동료를 피해 다니거나 아무도 모르게 조용히 화를 내는 대신 확고한 태도를 보였어야 했다. 상대방의 간섭을 막으려면 짧은 전략만 익히면 된다.

[막말 대응 전략 ⑤]

간섭하지 못하게 빠르게 경계 설정하기

이번에 배울 전략은 재빨리 경계를 설정하는 방법이다. 이것이 가능하면 당신은 말을 길게 하지 않고도 간섭을 막을 수 있다. 가장 중요한 것은 '토론을 시작하지 않기'다. 변명하거나 자신을 정당화하지 말고 짧은 말로 대답한다. 그것이 전부다.

예를 들어 누군가가 당신에게 이렇게 말한다.

"옷이 그게 뭐야? 녹색 줄무늬 바지에 핑크색 스웨터를 같이 입는 사람이 어디 있어?"

이에 대한 당신의 대답은 짧고, 분명하면서도 상대방을 상처 입히지 않는 말이어야 한다.

- 괜찮아. 어차피 내가 입는 거니까.
- 네 생각은 그렇구나. 난 괜찮은 거 같은데.
- 내 마음이야.
- 그럼 우린 생각이 다른가 보네.
- 내가 결정한 거야.
- 말해 줘서 고마워. 하지만 난 이대로 좋아.

나를 지키는
부드러운 거절의 힘

!?

    우리가 만나는 대화 상대 중에는 매우 예민한 사람도 있다. 이런 사람들은 '간섭하지 말아 달라'는 요청을 쉽게 받아들이지 못한다. 즉, 그런 말을 들었을 때 거부당했다는 두려움을 느낀다. 이런 사람들은 대체로 누군가가 자신에게 간섭하지 말라고 전했을 때 모욕당했거나 꾸짖음을 당했을 때와 같은 반응을 보인다. 예민한 사람들은 타인의 거절을 자신의 존재 자체가 거부당한 사건이라고 인식하기 때문이다.

    만약 당신의 대화 상대가 매우 예민한 사람이라면 외교 기술을 활용해야 한다. 이는 상대방의 기분이 상하지 않도록 당신의 의도를 전달하는 데 필요한 기술로, 구체적으로 말하자면 '간섭하지 말라'는 말을 친절한 단어로 포장하는 것이다. 상사나 윗사람 혹은 권위적인 사람과 대화할 때 등 당신이 위축될 수밖에 없는 상황에서도 이런 외교 기술을 사용할 것을 권한다.

일상생활에서 외교적으로 거절하는 기술을 갈고닦기 위해 내가 고안한 3단계 문장 전략이 있다. 이 전략으로 당신만의 영역을 부드럽고 조심스럽게 지켜내자. 당신은 공격적인 태도를 보이지 않으면서도 강한 면모를 보일 수 있다. 3단계 문장 전략은 이렇게 작동한다.

1. 첫 번째 문장에서는 상대방에게 일부러 긍정적인 말을 한다.
2. 두 번째 문장에서는 그 상황에서 당신이 결정권을 가지고 있다는 사실을 확고하게 전달한다.
3. 세 번째 문장에서는 상대방이 당신을 도우려 했다는 의도에 감사를 표현한다.

이 전략을 사용하면 당신은 상대방의 기분을 상하게 만들지도 모르는 위험을 피할 수 있다. 또한, 혹시라도 이어질지 모를 말싸움을 방지하고 상대방과 조금 더 명확한 관계를 맺을 수 있다. 다음 페이지에서 이 전략에 대해 더 자세히 설명하겠지만, 당신은 많은 단어를 사용하지 않아도 된다. 전략의 예시는 당신과 상대방에게 맞게 변형해도 좋다. 다시 말해 이상하고 부자연스러운 말을 할 필요가 없다는 뜻이다.

이제 3단계 문장으로 친절하게 포장하여 거절하는 전략을 익혀 보자.

[막말 대응 전략 ⑥]

3단계 문장으로 간섭 거절하기

앞으로 설명할 3단계 문장을 말할 때는 차분한 톤을 유지한다. 자신감 넘치는 태도를 보이며 상대방을 상처 입히지 않고 간섭을 거절해야 한다.

1. 첫 번째 문장 : 긍정적인 평가

- 나를 도와주려는 건 잘 알겠어.

- 최선의 행동을 하려는 거구나.
- 너에게는 내가 올바른 행동을 하는 게 중요하구나.
- 저를 도와주시려는 거군요.

2. 두 번째 문장 : 명확한 경계선 긋기

- 하지만 이건 내 일이야. 내가 이걸 해결할 수 있다고 믿어도 돼.
- 이건 내 문제야. 나는 내가 옳다고 생각하는 방식으로 이 일을 해결할 거야.
- 이건 제가 혼자 해결해야 하는 일이예요. 제가 결정을 내릴 겁니다.

3. 세 번째 문장 : 상대방 존중 및 감사표현

- 어쨌든 고마워. 나를 생각해 줘서.
- 하지만 네가 날 도와주려고 한 건 존중해.
- 알려 줘서 고마워요.

그리고 이 예시를 모두 합쳐 하나의 문장을 만든다.

"너에게는 내가 올바른 행동을 하는 게 중요하구나. (긍정적인 평가) 하지만 이건 내 문제야. 뭐가 좋고 옳은지는 내가 결정해. (명확한 경계선 긋기) 아무튼 네가 날 도와주려고 한 건 정말 고마워. (상대방 존중)"

이 전략대로 공손하게 말한다면 당신의 대화 상대방은 더 이상 간섭하지 않을 것이다. 만약 그렇지 않다면 당신은 전략을 이어 가면 된다. 흥분하지 말고, 침착하고 느긋하게 모든 전략을 되풀이한다. 문장을 새롭게 구성하거나 다른 단어를 사용해도 좋다. 좋은 아이디어가 떠오르지 않는다면 이미 했던 말을 똑같이 반복하자.

상대방이 이에 굴하지 않고 간섭을 계속해서 상황이 더욱 악화된
다면 당신은 두 번째와 세 번째 문장을 더 강한 어조로 반복하면
된다. 즉, "이건 내 문제야!"라는 사실을 완강하게 표현한다.

나에게 딱 맞는 거절 방법을 찾아라

두 가지 전략, 즉 짧은 대답과 3단계 문장으로 거절하기는 악
셀의 스트레스를 덜어주는 데 큰 도움이 되었다. 우리는 여러 가
지 문장을 시험해 보았고 그러던 중 악셀이 가장 자연스럽게 말
할 수 있는 단어를 찾아냈다. 동료 직원의 간섭을 퇴치하기 위해
악셀이 사용한 문장은 다음과 같다.

"제가 뭘 먹고, 어떻게 먹는지 관심이 많으시네요. 좋은 마음
으로 해 주시는 말이라는 건 알아요. 하지만 제 식습관은 제가
신경 쓸 문제예요. 그러니 이제 다른 이야기를 하면 어떨까요?"

이렇게 함으로써 악셀은 마음이 편안해졌으며 자신감이 생겼
다. 한결 여유로운 태도로 자신의 위신을 세웠다. 상황에 맞는
단어 사용과 카리스마 발산, 이 두 가지를 합치면 그 효과는 매

우 크다.

악셀은 드디어 자신만의 경계 설정 방법을 찾았다. 내가 늘 강조하는 내용이 바로 이것이다. 자신만의 스타일을 찾는 것, 각자 자신만의 스타일을 찾기만 하면 내면에 생긴 힘을 밖으로 표출할 수 있다. 그리고 이 힘은 큰 효력을 발휘한다. 당신이 무엇을 원하고 무엇을 원하지 않는지 분명히 알고 있다면, 차분한 태도로 당신의 주장을 관철하라.

너무 공격적으로 방어하진 말자

의사소통 세미나를 진행하다 보면 늘 몇몇 참가자들이 상대방을 물리칠 강력한 방법을 알려 달라고 말한다. 이 사람들은 여태까지와는 반대로 자신이 상대방을 괴롭힐 전략을 원한다. 즉, 상대방에게 호된 펀치를 날릴 방법을 찾는다. 물론 나도 그 심정을 이해한다. 하지만 나는 상대방이 한 말과 똑같은 형식으로 통렬한 반박을 날리는 것에 찬성하지 않는다. 강한 힘으로 카운터 펀치를 날리는 행동은 호랑이가 강아지를 상대로 온 힘을 다하는 것과 마찬가지다. 지나치게 공격적인 방어는 당신이 무해하

고 작은 동물인 강아지에게 진심으로 협박을 당했다고 느꼈다
는 증거다.

　물론 어떤 이들의 간섭은 매우 뻔뻔스럽고 예의가 없으며 오
만하다. 이런 사람들은 자신이 마치 저 높은 곳에 앉아 아래에
있는 우리를 굽어보듯 말한다. 하지만 나는 그들이 일부러 못된
마음을 먹고 행동하는 것은 아니라고 생각한다. 그들은 그저 부
주의하고 둔감할 뿐이다. 대부분의 '참견자'들은 자신의 열등감
을 감추려고 남에게 간섭하고 잔소리를 한다. 따라서 우리는 그
들의 영역 침범에 똑같이 반응할 필요 없이 공격을 무력화하기
만 하면 된다.

상대의 간섭을 이용해
반격하라

!?

    상황에 맞는 답변 전략을 짜던 중 아시아의 한 무술 기법이
나의 상상력을 자극했다. 아시아의 무술가는 놀라우리만치 빠
른 속도로 몸을 회전하고 방향을 전환해 순식간에 상대방을 바
닥에 쓰러뜨렸다. 이것은 직접적인 반격이 아닌 특이한 싸움 방
법이었다. 상대방이 공격하기 위해 뻗은 팔을 막아 내기보다 오
히려 자신 쪽으로 잡아당김으로써 그를 바닥으로 넘어지게 하
는 방법이었다. 그 무술 기법은 상대방의 힘이 나보다 강하더라
도 상관없었다. 공격자의 힘이 강할수록, 오히려 그가 바닥으로

넘어지는 힘도 강해진다.

우리는 이 싸움 방법을 '말'로 바꿀 수 있다. 이 전략을 사용하면 당신은 상대방의 '간섭 공격'을 더욱 자극하게 된다. 방법은 간단하다. 상대방에게 오히려 더 많은 비평과 가르침을 요구하는 것이다. 이는 일반적이지 않은 방법이며, 상대방으로서도 놀랄만한 전략이다. 자신을 방어하는 대신에 당신은 공격자에게 이렇게 부탁한다. "나한테 더 간섭해 주세요." 즉, 상대방을 멀리 밀어내기보다 일부러 당신 쪽으로 당기는 것이다. 그 순간 예상치 못한 당신의 반응에 상대는 당황하고, 상황의 주도권은 당신이 쥐게 된다. 당신은 더 이상 간섭 공격의 피해자가 아니다. 이제 당신은 상황을 지배하는 자다.

상대방의 모든 지적과 비평을 들은 후에는 당신이 하고 싶은 대로 행동하라. 즉, 입으로는 상대방에게 고맙다고 표현하더라도 행동은 상대방의 말을 따르지 않는 방법이다. "고맙지만 사양할게요!" 이는 공격을 차단하는 가장 간단한 방법이다.

이제 상대방의 간섭 공격에 일방적인 피해자가 되지 않고 그 힘을 이용해 반격하는 전략을 익혀 보자.

더 많은 말 유도하기

이 전략은 상대방에게 더 얘기해 달라고 요청함으로써 더 많은 간섭의 말을 유도하는 방법이다. 예를 들어 상대방이 다음과 같이 당신의 옷에 대해 간섭하는 말을 했다고 가정하자.

> "옷이 그게 뭐야? 녹색 줄무늬 바지에 핑크색 스웨터를 같이 입는 사람이 어디 있어?"

당신은 상대방의 간섭에 이렇게 반응할 수 있다.

- 더 자세히 설명해 줘. 어디가 어떻게 이상한 것 같은데? 구체적으로 콕 집어서 다 말해 줘.
- 나한테 말하고 싶은 내용이 더 있는 것 같은데? 어서 다 말해 봐.
- 너는 늘 그렇게 솔직하게 말해서 좋아. 더 말하고 싶은 내용은 없어?
- 계속 이야기해 봐.
- 더 말해 줘. 네가 하는 이야기를 더 듣고 싶어.

만약 상대방의 간섭 때문에 기분이 상했다면, 그리고 싸움을 이어 가고 싶다면 위 전략을 사용한 후 다음과 같이 마지막 한 마디를 덧붙여라.

- 이제 기분이 나아졌어?
- 그렇게 말하고 나니 후련해?
- 그렇게 말해서 기쁘다면, 네 말이 맞는다 해 줄게.
- 하고 싶은 말을 다 했으니 기분이 좋겠구나. 다행이다!

간섭의 말은
수신 거부하면 그만이다

!?

　이런 상상을 해 보시라. 당신에게 간섭하는 사람이 택배 배달부고, 그 택배 배달부가 당신이 주문하지도 않은 택배 상품을 당신에게 배달했다. 이럴 때는 큰소리로 따지거나 불평하는 대신 그 물품을 보낸 사람에게 반송해 달라고 부탁하면 간단하다. 즉, 아무것도 당신의 영역 안에 들여놓을 필요가 없다. 택배가 도착하면 상자를 열고 물품을 꺼내 자세히 살펴보고 그것이 당신에게 필요한 것이 맞는지 확인한다. 만약 필요 없는 물품이라면 그대로 반품한다. 그리고 당신은 더 이상 반송한 물품에 신경 쓰지 않으면 된다.

택배 상자와 다르게 당신이 듣는 말은 소리다. 소리는 화자의 입에서 나오는 순간 바로 상대에게 전달되기 때문에 소리 자체를 거부할 수는 없다. 소리로 전달되는 말을 수신 거부하려면 상대방의 말에 반응하지 않아야 한다. 상대의 말이 당신의 영역 안에 들어올지 안 들어올지를 결정하는 건 결국 당신이다. 당신이 반응하지 않으면 상대방의 말은 당신의 영역에 들어오지 못하고 문 앞에서 바람에 흩날려 사라지게 되는 것임을 기억하라.

영역을 넘어가는 순간
갈등이 시작된다

!?

　나의 영역과 너의 영역 외에 우리에게는 세 번째 영역이 있다. 바로 다른 사람과 함께 공유하는 영역이다. 그것은 우리가 생활하면서 타인과 나눌 수밖에 없는 영역이다. 예를 들면 식탁과 욕실, 부엌, 돈, 기쁨, 자유 시간, 휴가, 여행 등이 있다. 동료들과 함께 쓰는 사무실도 빼놓을 수 없는데 이렇게 여러 사람이 공유하는 공간에서는 말다툼이 잦다.

　기업체에서 의사소통에 관한 강연을 주로 하다 보니 나는 다양한 직장 내 문제 상황들을 듣게 된다. 나는 이것을 '직장에서 일어나는 부부문제'라고 부른다.

우리는 주중에 집에서 배우자와 보내는 시간보다 더 긴 시간을 직장동료와 함께 보낸다. 그러니 회사에서 마치 부부관계에나 일어날 법한 분쟁이 발생하는 것은 놀랍지 않은 일이다. 집에서와 마찬가지로 사무실에서도 싸움의 원인은 대부분 사소한 것들이다.

"어휴, 제발 그만 좀 하세요"

리사와 올리버의 이야기를 들어 보자. 두 사람은 같은 사무실에서 일한다. 리사는 올리버를 좋은 동료라고 생각했다. 어디까지나 과거에는 말이다. 올리버는 리사와 비슷한 음악 취향을 가지고 있었다. 두 사람은 똑같은 TV 드라마를 즐겨 봤다. 리사와 올리버는 금세 친해졌다. 하지만 어느 순간 리사는 올리버에게 지저분한 습관이 있다는 사실을 깨달았고, 둘 사이에 틈이 벌어지기 시작했다. 올리버의 지저분한 습관을 볼 때마다 리사는 점점 기분이 나빠졌다.

내 세미나에 참석했던 리사는 올리버의 버릇에 대해 설명했다. 올리버는 사무실에서 코를 자주 판다. 물론 다행히도 자신의 코만 판다. 따지고 보면 그것은 올리버의 일이고, 올리버의 영역이다. 하지만 리사는 올리버가 코를 파지 않았으면 좋겠다고 생각한 나머지 그의 영역을 간섭하고 있었다.

둘 사이에 불거진 갈등은 이런 식으로 진행됐다. 올리버는 일하는 도중 컴퓨터 앞에 앉아 모니터를 들여다보면서 코를 깊숙이 팠다. 그의 한쪽 손 검지는 콧구멍 안쪽을 헤매고 다른 손은 키보드 위를 이리저리 돌아다니며 키를 누른다. 시간이 지날수록 리사의 온 신경은 올리버의 행동에 쏠렸다. 올리버가 자신의 손가락을 콧구멍에 집어넣을 때마다 리사의 시선은 자신의 의지와 상관없이 그쪽으로 돌아갔다. 그러다 보니 올리버가 얼마나 자주, 얼마나 오랜 시간 코를 파는지 알게 됐다. 심지어는 콧구멍 안에서 채굴한 결과물을 꺼내는 더러운 모습까지 보게 되면서 리사는 혐오를 느끼게 되었다.

그 일에 집착하기, 즉 올리버의 코 파기를 끊임없이 쳐다보는 것은 리사의 기분을 더욱 나쁘게 만든다. 실제로 올리버가 코를 파는 시간은 얼마 되지 않지만 리사에게는 올리버가 온종일 코를 파는 것처럼 느껴졌다.

처음에 리사는 여느 사람들이 친한 사람의 행동 때문에 불쾌할 때 으레 그러하듯 행동했다. 그녀는 그가 하는 못마땅한 행동을 멈추게 하고, 근절하고 싶었다. 두 번 생각하지도 않은 채 리사는 올리버에게 이렇게 외쳤다. "어휴, 제발 그만 좀 하세요!"

하지만 올리버는 그 행동을 멈추지 않았다. "그만하세요!"라는 문장은 올리버에게 아무런 효력이 없었다. 그 말을 듣는 순간 올리버는 본능적으로 리사가 자신을 통제하려는 분위기를 느끼고 방어태세에 돌입했다. 그는 리사를 좋은 동료라고 생각하지만 그렇다고 해서 리사가 자신의 행동을 나쁘게 취급하고 금지하려 하는데 동의할 수 없었다. 그의 자존심이 허락지 않은 일이었다. 올리버는 리사가 그의 행동을 규정하고 제어하도록 두지 않을 생각이었다. 그런 일은 절대로 일어나지 않는다. 그래서 리사가 그만하라고 말할 때마다 올리버의 반응은 정해져 있었다. "저를 보지 말고 다른 쪽을 보세요."

리사의 말은 올리버에게 비난으로 들렸고, 그의 감정을 상하게 했다. 상대방의 행동이 거슬릴 때, 그것을 비난하지 않으면서 그만두게 하려면 어떻게 말해야 할까?

불쾌한 행동을 바꾸는 3단계 문장

타인과 겪는 많은 문제는 우리에게 스트레스를 준다. 때로는 우리의 기분을 상하게 하고, 우리를 미치게 만든다. 하지만 자신을 위해 불쾌한 기분에 사로잡히지 않고 기분이 나아질 방법을 찾아야 한다. 다양한 문제 상황을 거름 삼아 우리는 다른 사람이 우리가 원하는 대로 행동하지 않더라도 안정을 찾을 방법을 배울 수 있다.

물론 문제 상황을 피해도 좋다. 그 상황을 무시하고, 아무 말도 하지 않은 채 퇴근 시간이 다가오기를 기다리면 된다. 하지만 그렇게 하면 우리의 내면에는 더 큰 분노가 쌓인다. 일상생활에서 분노가 쌓이도록 둘 필요는 없다. 모든 일은 초대장이나 마찬가지다. 우리는 초대장을 손에 들고 어디에 자리를 잡는 편이 좋을지 결정하면 된다.

대부분의 문제와 불쾌한 상황은 그것에 연루된 사람들끼리 차분한 상태로 대화를 나누면 저절로 풀린다. 방해되는 타인의 행동에 대해 정중하게 이야기하고, 그 행동을 그만둬 달라고 요청한다. 그러면 대개 문제가 해결된다.

직장이나 가정, 혹은 친구 사이에서 흔히 겪는 문제, 방해되는 상황, 불쾌한 일을 간단한 말로 해결할 수 있는 전략이 있다. 이 전략 역시 3단계 문장으로 구성된다. 이 3단계 문장을 사용하면 많은 말을 하지 않고도 상대방이 행동을 바꾸도록 할 수 있다. 게다가 이 3단계 문장은 상대방에게 유익한 정보를 전달하기 때문에 양쪽 모두에게 도움이 된다.

[막말 대응 전략 ⑧]

원하는 바를 정확하게 말하기

모든 불만 뒤에는 그것이 계속 이어지지 않았으면 하는 바람이 숨어 있다. 그렇다면 이제 당신이 타인에게 원하는 바를 정확하게 말해 보자.

1. 당신에게 방해되는 상황을 묘사하라. 단, 상대방에게 상처를 주지 않는 말을 사용하자. 비난이나 책임 전가를 하지 않는다.

- 내가 자세히 보니까, 네가…(당신에게 방해되는 상대방의 행동을 묘사한다)
- 지난번에 네가 이러이러한 행동을 하는 걸 봤어.
- 내 생각엔 네가…
- 내가 너를 보고 깨달은 게 있는데…

2. 상대방의 행동을 보고 당신이 어떤 감정을 느꼈는지 설명한다.

- 그래서 나는…(실망했어, 화가 났어, 우울해졌어, 불쾌했어, 짜증이 났어 등등)
- 그걸 보고 내가 느낀 건…
- 내 생각에는…

3. 당신의 부탁 또는 바람을 정확하게 말한다. 단, 명령이나 지시, 협박 등을 피한다.

- 그래서 내가 네게 부탁하고 싶은 건…
- 내가 바라는 게 하나 있는데…
- 나한테는 굉장히 중요한 일인데, 네가…
- 혹시 괜찮다면…
- 내가 제안하고 싶은 게 있는데…

이 세 문장을 합쳐 아래와 같은 문장을 만들 수 있다.

"어제 네가 나한테 묻지도 않고 내 지갑에서 돈을 꺼내 가는 걸 봤어. 난 그 행동이 마음에 안 들었고, 그래서 화가 났어. 앞으로는 나한테 먼저 물어봤으면 좋겠어."

마지막에는 상대방이 발언할 기회를 주도록 한다. 상대방 또한 그 사람의 관점에서 사건을 설명할 시간이 필요하다. 상대가 바라는 점, 감정, 그리고 그 일을 하게 된 이유 등 중요한 내용을 전달해야 하기 때문이다. 당신의 감정과 생각을 전달한 뒤 상대방의 감정과 생각을 들으면 두 사람이 모두 동의하는 해결책과 규칙을 찾을 수 있다.

비난하지 않고 갈등을 해결하는
8가지 방법

！?

　리사와 직장동료인 올리버 사이에 일어난 일명 '코 후비기 사건'은 우리의 신경을 거스르는 사람들의 유별나고 특이하고 이상한 행동을 대변한다. 이런 행동에는 코를 파는 것뿐만 아니라 정리되지 않아 어지러운 책상, 화장실 거울에 튄 치약을 닦지 않는 일, 사무실에서 냄새가 심한 음식을 먹는 것 등이 포함된다.

　우리는 주변 사람들이 더 이상 짜증 나는 행동을 하지 않길 바라는 마음에 그들의 행동을 바꾸려고 무던히 애쓴다. 즉, 그 사람에게서 나를 '열 받게' 하는 행동을 없애 버리려고 한다. 타인의 행동을 고치려는 시도가 수포로 돌아가면 우리는 실망한다. 우리가 지친 나머지 벽에 기대 숨을 고르고 있을 때 그 사람은 이렇게 말한다. "나는 내가 하고 싶은 대로 할 거야." 그러면 당연하게도 우리는 자기 뜻을 관철하기 위해 더 강력한 공격을 퍼붓는다. 상대방을 더 세게 압박한다. 그러나 상대도 그만큼 강한 힘으로 반격하기 때문에 공격의 최전선은 팽팽하게 맞선 채 한 발자국도 움직이지 않는다. 그 누구도 싸움에서 지려고 하지 않으며 그 누구도 힘을 빼고 굴복하지 않는다. 이런 방식으로는 문제를 해결할 방법이 없다. 갈등이 점점 첨예해질 뿐이라면 여태까지 상대방에게 통하지 않았던 방법을 고수할 필요는 없다. 그럴수록 우리에게 필요한 것은 압박이나 강경한 태도가 아니라 창의력이다. 문제 상황을 다른 시각에서 바라보기 시작하면 논쟁과 갈등을 벗어나 해결법을 찾을 수 있다.

힘을 빼고 다른 관점에서 바라보기

리사와 올리버의 이야기를 예로 들어 내가 설명하고자 하는 바는 문제를 해결하는데 다양한 아이디어가 존재할 수 있다는 점이다. 단 한 가지 결과만을 목표로 삼기보다 (예를 들어 '저 사람이 제발 저 행동을 그만뒀으면!') 여러 가지 경우의 수를 생각해 보자. 그중 어떤 방법이 효과적인지는 실제로 일상생활에서 적용해 보는 과정에서 알게 될 것이다. 어쨌든 아이디어 하나보다는 두 개가 낫고 둘보다는 세 개가 낫다. 좋은 아이디어가 여러 개 모이면 금방 해결책을 찾을 수 있다.

리사가 동료 올리버의 코 파는 행동을 제어하고 문제를 해결하는데 적용해 볼 만한 몇 가지 방법을 소개한다.

1. 비난하지 않고 문제에 대해 이야기하기

어쩌면 올리버의 문제는 매우 간단한 방법으로 해결될지도 모른다. 바로 더 많은 정보를 제공하는 것이다. 그는 자신이 코를 파고 있을 때 리사에게 어떤 일이 일어나는지 생각조차 못하고 있을지도 모른다. 그래서 리사가 신경질을 내며 "그만 좀 하세요!"라고 소리치는 것은 올리버에게 충분하지 않은 정보다. 이럴 때는 상대방의 문제점을 정확히 짚어 줘야 한다.

'상대방의 잘못은 지적하되 그에게 상처 주지 않는 전략'을 사용하면 리사는 자신이 원하는 바를 명확하게 말할 수 있다. 상대방에게 말할 때 명령이나 비난을 하지 않는다면 올리버가 리사의 말을 들을 확률이 올라간다.

2. 상대방에게 대안 제시하기

리사는 올리버에게 이렇게 부탁할 수 있다. 사무실이 아니라 복도나 화장실, 복사실 등 다른 곳에서 코를 파달라고. 어쩌면 올리버는 새로운 공간에서 코를 파다가 리사가 아닌 다른 동료를 만나 부끄러움을 느껴 그 행동을 자발적으로 멈출지도 모른다.

3. 나를 편안하게 하는 행동에 집중하기

여태까지 동료의 코 파는 행동은 리사의 심기를 건드리는 방아쇠가 되었다. 그 일련의 동작을 보고 리사는 불쾌해졌다. 리사는 그 문제를 긍정적인 자극으로 변환해 볼 수 있다. 예를 들면 이런 식이다. 올리버가 코를 팔 때마다 리사 또한 잠시 휴식을 취한다. 올리버의 습관을 혐오하면서도 억지로 관찰하기보다 모든 의식을 자신의 휴식과 편안함에 집중한다. 어깨를 돌리거나, 등을 뒤로 쭉 펴거나, 얼굴 근육을 이완시키거나, 자리에서 일어나 팔과 다리를 돌리는 등 스트레칭을 해도 좋다. 그리고 의식적으로 5회 정도 심호흡을 한다. 마지막으로 자신의 책상 위에 놓인 개인적이고 아름다운 물건을 바라본다. 여행지에서 사온 기념품, 사진 같은 것들 말이다. 상대방이 코를 팔 때마다 리사는 자기 일에 신경 쓰면 된다.

4. 유머로 재해석하기

리사는 자신만의 유머를 개발해 문제를 해결할 수 있다. 화를 내는 대신 올리버의 행위를 최대한 재미있고 웃기게 묘사하는 방법을 생각한다. 예를 들어 이런 것이다. '저러다가 뇌까지 파겠다.', '손가락이 추워서 따뜻하게 해주려나 보네.'라고 생각하면 올리버의 행위에 대해 느끼는 혐오감이 줄어들어 덜 신경 쓰일 것이다. 얼마나 많은 묘사를 만들어낼 수 있을까? 그리고 어떤 묘사가 가장 재미있을까? 이것이 바로 재해석의 묘미다. 짜증 나는 사건이 재미있는 웃음거리로 바뀐다. 유머가 있으면 어떤 문제에든 초연하게 대처할 수 있다.

5. 새로운 행동 시도하기

리사는 올리버를 본보기로 삼아도 좋다. 올리버는 적어도 사무실에서 자신이 원하는 행동을 당당하게 하는, 자신감이 넘치는 사람이기 때문이다. 이런 마음가짐을 본받아 리사는 자신을 발전시킬 수 있다. 예를 들어 리사는 매일 사무실에서 자신이 더 즐겁게 일할 수 있는 새로운 행동을 하면 된다. 언젠가 한번은 사무실에서 하고 싶었던 일을 해 보면 어떨까? 예를 들어 짬이 났을 때 눈썹을 뽑거나, 일하면서 노래를 흥얼거리거나, 중간중간 에어 기타를 연주하거나, 풍선껌을 씹으면서 커다란 풍선을 불어도 좋다.

6. 창의성 더하기

모든 문제 상황은 우리의 상상력과 기지를 자극한다. 리사는 문제 상황을 가볍게 만들 예술적인 조치를 생각해 볼 수 있다. 예를 들어 올리버의 콧구멍 탐험을 스마트폰 카메라로 찍어 보면 어떨까? 사진이 100장 정도 모였다면 100건의 콧구멍 탐험이 담긴 포토북을 올리버에게 선물해 보자. 올리버는 자신이 코를 팔 때 그토록 다양한 표정을 짓는다는 사실에 놀랄 것이다.

7. 습관을 고칠 수 있도록 돕기

리사는 올리버에게 간섭하기보다 도움을 제안할 수 있다. 만약 올리버 또한 자신이 무의식적으로 코를 파는 것을 문제점이라고 인식하고 있다면 리사와 올리버는 함께 문제를 해결해야 한다. 리사는 올리버가 습관을 인지하도록 돕는다. 예를 들어 올리버의 손가락이 콧구멍을 향할 때마다 리사가 작은 소리를 내거나 사탕을 줘서 올리버에게 그 사실을 알려 준다. 그러면 올리버는 행동을 멈추고 다른 일에 집중하는 식으로 나쁜 습관을 고칠 수 있다.

8. 물리적인 거리 두기

리사는 올리버와 함께 쓰는 사무실을 벗어나 다른 동료와 사무실을 사용할 수 있다. 특히 자유시간이나 쉬는 시간에만 코를 파는 사람이라면 더할 나위 없다. 단, 문제 상황이 매우 심각하거나 갈등이 너무 큰 경우에만 이렇게 상대방과 거리를 두는 방법을 추천한다. 예를 들어 상대방의 행동이 지나치게 반사회적이거나 광적인 문제를 유발할 때는 물리적인 거리를 둠으로써 갈등 상황과 자신을 격리하는 게 도움이 된다.

리사와 올리버는 간단한 해결책을 찾았다. 두 사람은 이성적으로 대화를 나누었다. 그 이후 올리버의 코 파는 횟수가 줄었고 리사는 책상 위치를 살짝 바꾸었다. 이제 리사가 올리버를 보려면 몸을 돌려야 한다. 올리버 또한 리사의 눈길을 피할 수 있다. 이 방법으로 리사는 더 이상 콧구멍 탐방의 '목격자'가 되지 않는다. 사무실의 분위기도 좋아졌다. 두 사람은 이제 다시 친한 동료 사이를 회복했다.

이처럼 일상 속 난기류를 진정시키려면 다양한 아이디어가 필요하다. 그렇다고 해서 곧바로 해답을 결정할 필요는 없다. 오히려 그 반대다. 가능한 많은 해결책 후보를 늘어놓거나 하나씩 실제로 시험해 보며 천천히 해답을 찾는다. 그러는 동안 완전히 새로운 해결 방법이 등장하기도 한다.

둘의 노력으로 문제 상황이 나아졌다면 상대방에게 당신이 긍정적인 변화로 인해 기뻐하고 있다는 모습을 보여 주도록 하자.

타인과 적절한 경계 설정하기

당신은 다른 사람의 일에 간섭하지 않을 수 있는가? 반대로 만약 다른 사람이 당신의 일에 간섭한다면 당신은 어떻게 하겠는가?

이번 연습 과정에서 당신은 상황에 따라 어떤 방향으로 나아가야 하는지 배우게 된다. 이것은 놀이와 비슷한 연습이다. 너무 진지해지지 마시길.

연습 상황 1

당신과 동거인은 기나긴 대화를 드디어 끝마쳤다. 당신의 동거인은 자리에서 일어나 사용한 접시들을 식기세척기에 넣는다. 하지만 그는 매우 천천히 움직이며 계속해서 구시렁거린다. 하기 싫은데 억지로 하고 있다는 표정을 만면에 드러내고 있다.

당신은 어떻게 반응하겠는가?

A. 동거인의 불쾌한 표정을 보고 당신은 그에게 이렇게 말한다. "그렇게 곧 죽을 것처럼 굴지 말고, 빨리빨리 해!"

B. 당신은 동거인의 불행한 얼굴을 더 이상 두고 볼 수 없다. 당장 옆으로 달려가 비꼬듯이 말한다. "그게 그렇게 힘들면 내가 할게. 그거 하다가 당신 팔이라도 부러지면 어떡해."

C. 당신은 흥미롭다는 표정으로 동거인이 접시를 식기세척기에 넣는 모습을 바라본다. 가능하다면 팝콘을 한 봉지 끌어안고 동거인이 보여 주는 '쇼'를 관람해도 좋다.

D. 동거인의 불쾌한 표정을 본 당신은 부드럽고 친근한 목소리로 이렇게 말한다. "힘내! 당신은 할 수 있어! 아, 그리고 식기세척기 돌리고 나면 가스레인지 위도 닦아 줘."

연습 상황 2

당신은 회사에서 한 동료와 함께 휴식 시간을 보낸다. 이 동료는 운동에 중독되어 있다. 그는 운동을 매우 많이 한다. 그리고 그는 당신이 몸을 더욱 많이 움직여야 한다고 생각한다. 그 동료가 당신에게 이렇게 말한다.

"우리 심장 건강을 위해 운동을 좀 하는 게 어때요? 잠깐 비상 계단으로 가죠. 1층부터 꼭대기 층까지 뛰어서 계단을 올라가는 거예요. 엄청 효과적인 운동 방법이라니까요. 어서 가죠!"

당신은 어떻게 반응하겠는가?

A. 오래 생각하기도 전에 당신의 입에서 곧바로 이런 말이 튀어나온다. "미쳤어요? 쓸데없이 계단을 왜 올라가요? 엘리베이터가 있는데 그런 짓을 왜 해요?"

B. 기습공격을 당한 당신은 열렬한 운동 신봉자인 동료의 손에 끌려 계단으로 간다. 그리고 하기 싫다는 티를 팍팍 내며 몇 계단 올라가다가 곧 계단 오르기를 그만둔다. '이게 무슨 바보 같은 짓이야.'라는 생각이 들었기 때문이다.

C. 동료의 질문에 답하기 전에 당신은 3초 정도 생각한다. 그리고 이렇게 말한다. "제 건강까지 신경 써 주셔서 고마워요. 하지만 저는 휴식 시간 동안에는 가만히 쉬는 게 좋아요. 계단 오르기 운동을 하고 싶으시면 재밌게 하고 오세요."

D. 당신은 잠시 동안 생각한다. 그리고 기쁜 마음으로 자리에서 일어선다. 손바닥을 마주쳐 손뼉을 치고 이렇게 말한다. "그래요, 얼른 올라가죠! 대신에 우리 속옷만 입고 뛰는 게 어때요? 땀에 젖은 옷을 입고 일하고 싶진 않거든요. 자, 얼른 먼저 셔츠부터 벗으세요. 그리고 바지도요."

친척들끼리 모이는 장소에서 당신은 당신의 품행에 늘 불만을 표현하는 손위 친척을 만난다. 지난 모임 때 당신은 다른 친척들이 한데 모인 자리에서 이런 말을 들었다.

"그동안 한 일이 아무것도 없는 모양이구나. 언제까지 그렇게 살 거니? 너랑 비슷한 또래에도 대단한 걸 이룬 사람들이 얼마나 많은데. 넌 여태까지 뭘 했니?"

당신은 어떻게 반응하겠는가?

A. 당신은 기분이 팍 상했다. 격분해서 이렇게 소리친다. "그건 제가 할 말이죠! 자신을 돌아보시는 게 어때요? 여태까지 무슨 대단한 일을 하셨다고요? 뭐 대통령이라도 되셨어요? 제가 제 인생에서 뭘 하든 그건 숙부님(숙모님, 기타 등등)이 판단하실 바가 아니죠."

B. 당신은 당황해서 아무 말도 하지 않는다. 그리고 잠시 마음을 가라앉히기 위해 그 자리를 벗어난다. 시간이 지날수록 그 말을 한 친척과 그런 말을 듣고도 가만히 있었던 자기 자신에게 화가 난다.

C. 당신은 심호흡을 한 다음 자세를 바로잡는다. 그리고 웃는

얼굴로 친척을 쳐다보고 이렇게 말한다. "어쩌라고요?" 그리고 의미심장한 표정으로 침묵한다.

D. 당신은 만면에 미소를 띠며 자랑스럽게 말한다. "맞아요! 정말 잘 보셨네요! 저는 여태까지 이룬 게 없어요. 원하신다면 제가 어떻게 그렇게 했는지 보여 드릴게요. 숙부님(숙모님, 기타 등등)도 그렇게 하실 수 있어요."

※평가

위 연습 상황에서 당신은 어떤 유형의 반응을 선택했는가? 당신이 선택한 반응을 통해 당신의 성향을 파악할 수 있다.

• A 반응 : 격분한 대답

이것은 마치 상대방의 정강이를 힘껏 걷어차 버리는 것과 같은 반응이다. 상황은 악화될 수밖에 없다. 이렇게 대답하면 싸움이 시작된다. 당신은 분노를 표출함으로써 상대방에게 '이렇게 하면 내가 화를 낸다'는 걸 보여 준 셈이다. 이제 상대방은 당신의 약점이 어느 지점인지 알게 되었다. 당신은 이 상황에서 주도권을 잡지 못했다.

• B 반응 : 애매모호한 경계 설정

이렇게 대답했을 때 '여기는 내 영역이고 그쪽은 당신의 영역입니다.'라는 명확한 구분이 부족하다. 경계가 설정되지 않으면 상대방은 더욱 쉽게 당신에게 간섭할 수 있다. 견고한 경계 설정은 상대방에 대한 믿음과 나에 대한 자신감에서 비롯된다. '네가 너의 일을 하도록 둘게. 네가 자신만의 방법을 찾아서 이 일을 완성하리라 믿고 있으니까. 그리고 나는 내 일을 할 거야. 내가 나만의 방법을 찾아서 이 일을 완성하리라 믿거든.'과 같은 마음이다. 누구도 타인을 판단하거나 감시해서는 안 된다. 다른 사람들이 무엇이라 생각하든, 그것은 당신이 신경 써야 할 영역이 아니다.

• C 반응 : 건전한 경계 설정

이렇게 대답한 경우 당신과 상대방 사이에는 조용하지만 명확하게 경계가 설정되었다. 당신을 조종하려던 공격은 힘을 잃었다. 조금 부족한 것이 더 아름다울 때가 있다. 이런 답변으로 경계를 설정하면 당신은 먼지 한 톨 일으키지 않고 상황을 종료한다. 당당한 태도로 경계를 선언하면 상대방의 기분을 상하게 하지 않으면서 명확하게 당신의 의사를 밝힐 수 있다. 상대방은 당신이 만만한 상대가 아니라는 사실을 재빨리 파악한다.

• D 반응 : 재치와 유머가 있는 대답

이렇게 대답한다면 당신은 만면에 미소를 띠는 마법을 부리
게 된다. 이 대답은 진지하게 받아들여지지 않는다. 일촉즉발의
아슬아슬한 분위기가 순식간에 웃는 상황으로 바뀐다. 당신이
상대방의 불쾌한 간섭을 장난으로 받아들이고 반응한다면 상황
이 즐겁게 변한다.

"그런데 왜 그렇게 화가 나셨어요?"

크라머 부부의 옆집에는 어린아이를 둘 키우는 젊은 부부가 산다. 크라머 씨는 그 가족이 발음하기 어려운 이름을 가지고 있는 외국인들이라는 사실을 알았을 때 고개를 저었다. 어린애가 딸린 외국인 가족이라니!

크라머 씨는 걱정거리가 많다. 그의 아내는 최근 수술을 받았다. 인공 고관절을 삽입하는 수술이었다. 그래서 크라머 부인은 아직 제대로 걷지 못한다. 크라머 부인은 고통 때문에 밤에 제대로 잠들지 못한다. 낮에 잠깐 눈을 붙이려고 해도 밖이 너무 시끄러워서 그럴 수가 없다. 옆집 어린이들이 밖에서 노는 소리 때문이다. 마치 귀가 마비될 정도로 큰 소음이 발생한다.

어느 일요일 오후 결국 크라머 씨의 화가 폭발하고 말았다. 그는 마당 울타리로 다가가 옆집 부모를 부른 뒤 아이들이 너무 시끄럽다고 말했다. 아이들의 아빠가 울타리로 다가왔다. 5살 난 타리크와 4살 난 레일라가 겁을 먹은 듯 아빠 뒤에 서 있었다.

크라머 씨가 곧바로 불만을 쏟아내기 시작했다. 이 나라에서는 일요일이 휴일이며, 휴일에는 조용히 해야 한다는 것이 불만의 요지였다. 또 외국인이라 할지라도 이 나라에 사는 사람들은 모두 그 사실을 염두에 두어야 한다고 말했다. 아이들의 아빠가 놀란 표정으로 크라머 씨를 바라보았다. 그리고 이렇게 물었다. "그런데 왜 그렇게 화가 나셨어요?" 크라머 씨는 부인이 아프다는 이야기를 전했다. 몸이 아파 밤에 잠을 제대로 잘 수 없으니 낮에라도 조용히 쉬어야 한다고 설명했다. 아이들의 아빠가 고개를 끄덕였다. 그는 아이들을 집 안으로 들여보내겠다고 말했다.

타리크는 옆집에 사는 아픈 아주머니에게 직접 만든 선물을 보내야겠다고 다짐했다. 마침 친구들 사이에서 삶지 않은 파스타 면을 실에 엮어 만든 목걸이가 유행하고 있었다. 그래서 타리크는 옆집 아주머니를 위해 아주 긴 파스타 면 목걸이를 만들었다.

여동생 레일라도 아주머니에게 무언가를 선물하고 싶었다. 레일라는 자신이 가장 좋아하는 동물인 작은 토끼를 그렸다. 하지만 그림을 그리기가 매우 어려웠다.

이틀 뒤 타리크와 레일라는 엄마와 함께 크라머 씨 집의 초인종을 울렸다. 크라머 씨는 아이들을 보고 깜짝 놀랐다. 타리크는 파스타 면 목걸이를 내밀며 "아픈 아주머니께 드리려고 제가 직접 만들었어요."라고 자랑스럽게 말했다. 레일라도 그림을 내밀었다. "이건 꽃이고요, 그 뒤에 작은 토끼가 있어요. 꽃 뒤에 숨어 있는 거예요."

아이들의 엄마는 아이들이 시끄럽게 해서 미안하다고 사과하며 크라머 부인의 쾌유를 빌었다. 크라머 씨는 어리둥절한 채로 문간에 서 있었다. 한 손에는 파스타면 목걸이를, 다른 한 손에는 숨어 있는 토끼 그림을 받아든 채 말이다. 아이들이 엄마와 함께 돌아가고 나서야 크라머 씨는 자신이 고맙다는 말을 미처 하지 못했다는 사실을 깨달았다.

4주가 지나자 크라머 부인은 다시 예전처럼 걸을 수 있게 되었다. 그리고 타리크는 6번째 생일을 맞이했다. 그래서 타리크의 부모는 크라머 씨 부부를 생일파티에 초대했다. 크라머 부인은 "같이 케이크를 나눠 먹는 것도 나쁘지 않죠."라고 말했다. 그렇게 크라머 씨 부부는 새로운 이웃 집 테라스에 자리하게 되었다. 케이크와 커피는 맛이 좋았다. 그동안 생일파티에 온 어린이들은 정원에서 한데 뭉쳐 소리를 지르며 뛰어다니고 있었다. 타리크와 레일라의 엄마가 시끄럽게 해서 미안하다며 사과했다.

크라머 씨가 눈을 찡긋하며 대수롭지 않다는 듯 대답했다. "괜찮습니다. 애들이 다 그렇죠, 뭐."

불쾌한 태도와 시선에
상처받지 않는 법

3장

무례한 저 태도, 대체 불만이 뭔데?

상대의 의도대로
이해할 필요 없다

때로는 말이 오가지 않는 말싸움이 일어나기도 한다. 바로 몸짓언어를 이용한 논쟁이다. 가장 일반적인 예시는 관자놀이 부근에서 손가락을 빙글빙글 돌리는 동작인데, 이것은 "미쳤나 봐."라는 말을 대신하는 행동이다.

이런 식으로 상대방을 무시하고 우습게 만드는 동작이 많다. 이런 동작들에는 한 가지 공통점이 있다. 동작이 가리키는 대상이 존재한다는 것이다. 그 대상은 이런 동작의 의미를 이해하면서 동작을 수신하는 사람이다. 눈앞에서 상대가 이런 동작을 취한다면 무시당했다는 생각에 모욕감과 분노가 치밀어 오르게 된다. 하지만 이렇게 즉각적으로 반응하는 것은 상대의 공격에 휘말려 들어가 주도권을 빼앗기는 결과를 낳는다. 그러면 어떻게 반응하는 것이 좋을까?

어떤 표정과 몸짓을 하던 해석은 내 마음대로

누군가가 당신에게 관자놀이에서 손가락을 빙글빙글 돌리는 동작을 취했는데, 당신이 그 몸짓언어를 그것이 원래 지니는 의미와 전혀 다른 뜻으로 받아들이는 상황을 상상해 보시라. 당신은 마치 생전 처음 보는 동작인 것처럼 그 동작을 바라본다. 그러면 이 동작은 당신에게 있는 그대로의 동작이 될 뿐이다. 즉, 누군가가 당신을 쳐다보며 관자놀이 옆에서 손가락을 돌리고 있을 뿐이다. 당신이 그 동작이 의미하는 바를 전혀 모른다고 상상해 보자. 어쩌면 당신은 그 사람이 손가락 운동이나 스트레칭을 한다고 생각할지도 모른다. 어쩌면 상대방이 당신에게 자신의 머리가 어디에 있는지 정확히 알려 주기 위해 손가락을 움직이고 있다고 생각할지도 모른다. 원래는 '미친 사람'을 뜻하는 동작이 이제 아무런 악의 없는 움직임으로 해석되는 셈이다. 한 사람이 관자놀이 부근에서 손가락을 돌리는 행동, 그 이상도 이하도 아니다.

요약하자면 상대방이 어떤 행동을 했을 때 그것을 어떻게 이해할지 결정하는 사람은 당신이다. 만약 상대방의 행동에 당신을 무시하려는 의도가 담겨 있다면 당신은 그 행동을 일부러 다른 뜻으로 이해할 수 있다. 당신에게 전달된 몸짓언어에 전혀 해롭지 않은 의미를 부여하는 방식으로 당신은 상대방의 공격을 무력화시킬 수 있다.

타인의 몸짓과 표정을 무조건 발신자의 의도대로 이해해야 한다는 규칙은 없다. 물론 필요한 경우, 예를 들어 수신자인 당신이 발신자가 표현하고자 하는 바에 관심이 있다면 그의 몸짓언어를 그대로 이해하는 것이 중요하다. 하지만 만약 상대방의 행동이 그저 당신을 공격하기 위한 행위에 지나지 않는다고 판단된다면 당신이 적용해야 할 규칙은 이렇다. '상대의 몸짓언어를 곧이곧대로 이해하려고 노력하지 마라.'

이제 상대방을 무시하는 느낌을 줌으로써 말싸움을 유발할 수 있는 몸짓언어에 대해 알아보자.

1. 가장 흔한 무시하는 표정과 행동

- 상대방의 말을 부정하는 듯 여러 번 고개를 가로젓는 행동
- 어이가 없다는 듯 손바닥으로 이마나 눈을 짚는 행동
- 관자놀이 부근에서 검지를 빙글빙글 돌리는 행동
- 눈을 희번덕거리는 행동
- 입꼬리를 한껏 내리고 눈을 잔뜩 찡그려 혐오와 역겨움을 나타내는 표정
- 입술을 삐죽거리고 콧잔등을 찌푸리는 표정
- 노골적으로 하품을 하며 손으로 입을 가려 지루함을 나타내는 행동
- 혀를 내미는 행동

2. 치명타가 되는 표정과 행동

- 한쪽 손의 엄지와 검지를 펴고 마치 권총처럼 만든 뒤 이마에 대고 쏘는 시늉
- 한 손을 목에 대고 마치 밧줄에 목이 걸려 교수형을 당한 모습을 표현하는 행동(이때 고개는 힘이 빠진 것처럼 축 늘어뜨리고 혀를 빼무는 경우도 있다)

3. 무시하는 몸짓은 아니지만 어쨌든 당하면 짜증 나는 표정과 행동

- 일부러 양 볼을 부풀리는 행동
- 꾹 다문 입을 최대한 찡그린 뒤 아래로, 특히 왼쪽이나 오른쪽 아래로 내리는 표정
- 양쪽 눈을 과장되게 치켜뜨는 표정
- 눈을 홉뜨고 아래턱을 떨어뜨리듯이 크게 벌리는 표정
- 턱을 아래로 당기고 눈은 위를 향하게 한 뒤 고개를 마치 스프링이 달린 것처럼 흔드는 행동
- 손가락 마디를 구부려 소리를 내는 행동
- 손가락으로 책상을 마치 북 치듯 두드리는 행동
- 한쪽 눈의 아래 눈꺼풀을 아래로 잡아당기는 행동

몸짓이 아닌 말로 표현하게 만들라

재미있는 반박 전략을 설명하기 전에 우선 의사소통에서 사람들이 자주 활용하는 표정과 행동을 진지하게 생각해 보자. 몸짓언어는 때때로 중요한 메시지를 전달하기 때문이다.

예를 들어 비판적인 생각을 객관적으로 전달하는 방법을 배운 적이 없는 어떤 사람을 상상해 보자. 혹은 타인과 정반대되는 의견을 가지고 있을 때 그것을 명확하고 침착하게 표현하기가 얼마나 어려운지 상상해 보자. 그럴 때 소위 '어휘력이 부족하고 횡설수설하는' 발언이 등장한다. "이봐요, 당신 말은 틀렸어! 그건 완전히 말이 안 된다고!" 식의 억지를 쓰는 발언 말이다.

불편한 상황을 말로 표현하지 못하는 사람은 대개 몸짓언어를 보인다. 이럴 때를 대비해 반대 의견을 표시하는 몸짓언어를 익혀두면 도움이 된다. 만약 상대방이 당신에게 몸짓언어를 보였다면, 그것이 반대 의견을 표시하는 행동인지 생각해 보자. 조언하자면, 우선 상대방에게 솔직한 의견을 표현할 기회를 주도록 하자. 그 행동 혹은 표정이 무슨 뜻인지 묻고, 설명을 부탁하자.

이제 매우 간단한 전략을 하나 소개하고자 한다. 이 전략을 사용하면 상대방의 입을 열 수 있다. 이 전략으로 당신은 상대방이 여태까지 몸짓언어로만 표현해왔던 내용을 직접 말로 나타내도록 만들 수 있다. 이 전략의 장점은 두 가지다.

첫째, 상대방과 거리를 두기 때문에 상대방의 무례한 몸짓언어에 휘말리지 않는다.

둘째, 상대방에게 그의 몸짓언어가 의미하는 바를 물음으로써 당신이 주도권을 쥐고 있다는 사실을 알린다. 즉, 수비태세로 돌입하는 대신, 상대방에게 진정성 있고 예의 바른 대화를 건넨다. 당신은 상대방에게 이렇게 말하는 것이나 다름없다. "나한테는 말로 해도 괜찮아요."

[막말 대응 전략 ⑨]

몸짓언어의 의미 콕 집어 물어보기

상대방이 짜증이 난 듯한, 그리고 당신을 깔보는 듯한 몸짓언어를 보인다. 그렇다면 그 행동이 무슨 의미인지 물어보도록 하자. 이때 객관적인 태도를 유지하고 무난한 단어를 사용해야 한다.

내가 추천하는 방법은 두 가지 문장을 사용하는 것이다. 우선 첫 번째 문장에서 상대의 행동과 표정을 언급하고, 두 번째 문장에서 당신이 원하는 내용을 질문한다.

- 입꼬리를 아래로 내리셨네요. 불편한 점이라도 있으신가요?
- 방금 눈을 찡그렸네. 다른 의견이라도 있니?

- 방금 고개를 저었네. 그럼 네 생각은 어떤데?
- 어깨를 으쓱하셨네요. 무슨 뜻인가요?

그리고 당신의 대화 상대가 어떻게 대답하는지 주의 깊게, 귀 기울여 듣는다. 인내심을 가지자. 상대방이 적절한 단어를 찾을 때까지 조금 시간이 걸릴지도 모르니까 말이다.

"무례한 청중들의 반응, 당황스러워"

이렇게 진정성 있는 대화 전략을 사용하면 당신은 늘 안전한 영역에 머물게 되고, 다른 사람들에게 당신이 타인과의 관계를 중요하게 생각한다는 점을 보여 줄 수 있다. 이것은 무엇보다도 업무적인 관계에서, 즉 비즈니스에서 신용도를 높이는 방법이다.

또한, 당신은 상대방의 몸짓언어를 살펴 당신의 일, 서비스, 직무 능력을 고치고 향상할 수 있다. 이것이 왜 중요한지는 다음 예시를 보면 알 수 있다.

루카스는 데이터 보안 전문가다. 그는 중견 기업의 데이터 보안 고문으로 일하고 있다. 그가 하는 일은 회사가 데이터 사기나

해커 공격에 당하지 않도록 관련 기기를 수많은 바이러스로부터 지키는 것이다. 루카스는 자신이 고문으로 일하는 회사의 일반 직원들에게 새로운 사이버 보안 대책을 교육하는 임무도 맡고 있다. 교육을 진행할 때 그는 멀티미디어 프레젠테이션을 활용한다.

그의 교육을 듣는 동료 직원들은 대부분 특정 몸짓언어를 보이는데, 루카스는 그것을 볼 때마다 화가 났다. 그래서 루카스는 나에게 이런 상황을 어떻게 헤쳐나가야 하는지 물었다. 청중들이 도대체 어떤 비언어적 태도를 보이느냐고 묻자 다음과 같은 대답이 돌아왔다. 처음에 사람들은 지루한 듯 손목시계를 내려다본다. 어떤 사람들은 시위라도 하듯 고개를 가로젓고, 어떤 사람들은 시선을 다른 쪽으로 돌린다. 지난번 프레젠테이션 시간에는 루카스의 바로 앞에 앉아 있던 나이 많은 직원이 아예 몸을 돌리고 앉아서 스마트폰만 들여다보고 있었다고 한다.

루카스는 직원들의 이런 무례한 행동에 대응할 재치 있는 전략을 배우고 싶다고 했다. 물론 무언의 항의를 나타내는 행동에 대처할 몇 가지 전략이 있긴 하다. 하지만 그것은 어디까지나 상대방이 나를 공격했을 때 사용하는 전략이다.

루카스가 말한 상황에서는 어느 사람도 루카스를 공격하려고 하지 않았다. 청중들은 나름의 방식으로 루카스에게 강의에 대한 피드백을 주고 싶었을 뿐이다. 그 상황에서 청중의 반응을 무시하고 강의를 계속한 사람은 루카스다. 그는 자신의 프레젠테이션을 진행하기 바빴다. 그래서 청중들로서는 자신들이 프레젠테이션을 어떻게 느끼는지 표현할 방법이 표정과 행동밖에 없었다.

표정과 몸짓에 담긴 정보를 파악하라

나는 호기심이 생겨 루카스에게 평소에 어떤 방식으로 프레젠테이션을 진행하는지 물었고, 곧바로 후회했다.

루카스는 자신감에 차서 자신이 프레젠테이션에서 어떤 컴퓨터 전문 용어를 사용해 기술을 설명하는지 이야기했다. 그는 숨을 가다듬기도 전에 굳이 하지 않아도 되는 소프트웨어와 하드웨어의 기술적인 세부 사항을 늘어놓았다. 그의 설명을 듣고 있자니 나 또한 시선을 다른 곳으로 돌리고픈 심정이었다.

물론 루카스의 프레젠테이션은 전문가답고 훌륭한 내용이었다. 하지만 내용이 너무 무거웠다. 나는 청중들이 표정과 행동으로 어떤 표현을 하고 싶었을지 정확히 이해할 수 있었다. 청중들은 루카스에게 이렇게 신호를 보낸 것이다.

"이봐요, 도무지 무슨 말인지 하나도 모르겠네요. 못 알아들으니 너무 지루하다고요! 대체 언제 끝납니까?"

그들이 했던 행동은 지루함을 표현하는 구조 요청이었던 셈이다.

루카스를 돕기 위해 나는 그가 진행하는 프레젠테이션 자리에 갔다. 루카스는 두 시간 동안 전문 용어 융단 폭격을 퍼부으며 프레젠테이션을 이끌었다. 비전문가들로서는 이해할 수도 없고 너무 긴 설명이었다. 마지막에 루카스는 데이터 보안을 위해 청중들이 해야 할 일과 하지 말아야 할 일을 덧붙였는데, 이때 실제 예시를 하나도 소개하지 않았다. 다양한 예시를 들었다면 프레젠테이션을 조금 더 생동감 있게 만들 수 있었을 텐데 말이다.

나는 루카스의 상황에서는 청중들이 보인 표정과 태도에 반박 전략을 사용할 수 없다고 말했다. 그 대신 루카스가 자신의 프레젠테이션 방식을 바꾸는 편이 낫다고 조언했다. 그가 알고 있는 모든 지식을 한꺼번에 설명하기보다 조금씩 나눠서 알려 주는 편이 더 낫다고 말이다. 한 가지 개념을 설명한 후에는 청중과 대화하는 시간을 가질 것을 권했다. 청중의 질문과 의견을 들으면 자신이 어떻게 프레젠테이션을 이끌어야 사람들이 더 이해하기 쉬운지, 어떤 정보가 실제로 유용한지, 어떻게 하면 적재적소에 중요한 예시를 사용할 수 있는지 깨달을 수 있기 때문이다. 청중들의 고개 가로젓기는 루카스에게 매우 유의미한 피드백이다. 그것은 청중이 "저 질문 있어요." 혹은 "저 할 말 있어요."라는 신호를 보내는 것이나 마찬가지다. 내가 조언한 방식을 적용하면 루카스는 프레젠테이션의 질을 더욱 향상할 수 있을 것이었다.

당신도 누군가에게 서비스를 제공하거나 조언을 하거나 정보를 전달한 뒤에 상대방으로부터 피드백을 받아야 하는 상황을 겪을 것이다. 당신의 서비스나 조언으로 이익을 얻어야 하는 사람들은 당신에게 유용한 팁을 줄 수 있다.

당신이 화자로 이야기하고 있을 때, 상대방의 피드백에 주목하라. 당신이 말하고 있는 내용을 다른 사람이 이해할 수 있는가? 너무 빠른 속도로, 혹은 느린 속도로 말하고 있지는 않은가? 전문 용어를 너무 많이 사용하지는 않은가? 말이 너무 많으면 오히려 독이 된다. 기나긴 독백보다 짧게, 중요한 정보만 전달하는 것이 중요하다. 때때로 상대방에게 질문을 던지면 청중이 당신의 말을 이해하기 더 쉽다는 것을 명심하라.

몇 개월 후 나는 루카스로부터 프레젠테이션 방식을 개선했다는 연락을 받았다. 청중들이 전달한 의견을 바탕으로 루카스는 강연 시간을 줄였고 전체 내용을 이해하기 쉽게 바꾸었다. 이제 청중들의 몸짓언어는 루카스에게 매우 중요한 정보가 되었다. 그는 시선을 돌리는 사람들에게 곧바로 질문할 내용이 있는지, 마음에 들지 않는 부분이 있는지 물었다. 이렇게 강연 방식을 바꾸고 나자 루카스는 여태까지 경험한 적 없는, 새로운 몸짓언어를 보게 되었다. 바로 박수다. 청중들이 루카스에게 큰 박수를 보낸 것이다!

[막말 대응 전략 ⑩]
청중의 야유를 박수로 바꾸는 노하우 익히기

다음은 당신이 프레젠테이션할 때 청중들의 불만을 최소화할 수 있는 방법들이다. 잘 익혀서 활용해 보자.

1. 주제를 설명하라! 앞으로 어떤 내용을 이야기할지 짧은 문장으로 소개하라. 그리고 어떤 구조로, 어떤 방식으로, 어떤 방향으로 나아갈 것인지 미리 설명하라.
2. 천천히, 강조하며 말하라! 당신이 말하는 단어가 청중에게 정확히 전달되도록 신경 써라. 너무 빨리 말하지 말고, 중간중간 멈추면서 정확하게 말하라.
3. 너무 많은 전문 용어는 금물! 상대방이 이해하기 쉬운 단어를 사용하라. 되도록 전문 용어와 외국어를 적절한 우리말이나 일상적인 단어로 바꿔서 사용하라.
4. 혼잣말하지 마라! 상대방이 발언할 시간을 주도록 하자. 상대방이 말을 꺼낼 때야 비로소 그가 당신의 발언을 이해했는지 제대로 알 수 있다.
5. 비판을 받아들여라! 당신이 앞으로 정보, 조언, 서비스 등을 어떻게 전달했으면 좋겠는지 당신의 청중, 고객, 대화 상대방이 솔직하게 말하도록 하라.

도발적인 행동에
흔들리지 말자

상대방의 피드백에 주목해야 한다고 해서 상대방이 시선을 돌릴 때마다 질문할 필요는 없다. 의사소통에 꼭 이렇게 해야 한다, 혹은 이렇게 해서는 안 된다는 절대 규칙은 없기 때문이다. 때때로 이해심에서 우러난 질문이 당신에게 공격적인 부메랑이 되어 돌아오기도 한다.

당신이 명확한 의견과 그것을 뒷받침할 확실한 논거를 품고 토론에 참여한다고 생각해 보자. 대부분의 토론 참가자들은 서로 다른 의견을 가지고 있을 것이다. 당신이 자신의 의견과 근거를 이야기하기 시작하자 반대 진영의 누군가가 일부러 몸을 다른 방향으로 돌리며 당신을 깔보듯 손을 휘휘 젓는 시늉을 한다. 다른 사람이 손가락을 들어 관자놀이 부근에서 빙글빙글 돌린다. 이런 상황에서는 그 동작이 무슨 뜻이냐고 굳이 묻지 않는 편이 좋다. 그에 대한 답을 들어봤자 당신에게 좋을 것이 없기 때문이다.

만약 당신이 "그게 무슨 뜻인가요?"라고 물어보는 순간, 당신은 두 가지 약점을 상대방에게 보여 주는 꼴이 된다. 하나는 당신이 상대방의 동작을 진지하게 받아들였다는 것이고, 다른 하나는 당신이 상대방의 행동에 영향을 받았다는 것이다. 이제 상대방은 그런 행동으로 당신을 뒤흔들 수 있다는 사실을 깨닫는다. 그리고 상대방의 태도를 지적하는 순간 당신은 자신의 토론 주제를 이어가지 못하고 반대 진영의 몸짓언어에 관한 이야기만 늘어놓게 된다. 당신이 당황한 모습을 보일수록 상대방은 더 많은 몸짓언어로 당신의 시선을 끌 것이기 때문이다. 그렇게 상대방의 공격적인 몸짓은 목표를 달성한다. 당신의 기세는 꺾이고 상대방은 상승 기류를 탄다.

당신은 상대방이 고개를 젓거나 시선을 돌리지 못하도록 막을 수 없다. 하지만 그 행동이 당신에게 영향을 주지 않도록 할 수는 있다. 논쟁이 예상되는 토론 상황에서는 우선 침착하게 당신의 의견을 펼쳐야 한다. 당신이 발언하는 동안 반대 의견을 가진 참석자들이 여기저기서 마음껏 표정이나 몸짓을 나타낼 것이다. 그것을 무시하고 당신의 목표만을 눈에 담아라. 당신을 도발하려는 격한 말이나 행동에 흔들리지 마라. 당신이 말하고자 하는 주제에 집중하라. 당신을 자극하려는 상대방의 비언어적인 표현에 대항해 당신 또한 비언어적인 "그래서 어쩌라고?"의 태도를 보이자. 이 방법에 대해서는 뒤에서 설명하겠다.

"거절에 무뎌져야 해"

코넬리아는 한때 상대방의 비언어적 표현에 번번이 상처를 받았다. 그녀는 성평등위원회 회원이다. 코넬리아는 특히 취업 시장에서 여성들이 남성들과 똑같은 기회를 갖는 데에 관심이 많다. 이를 위해 그녀는 직접 행동에 나서기도 한다. 처음 일을 시작했을 때 코넬리아는 수많은 남성 직장상사의 반대에 부딪혔다.

예를 들어 전기공학과 관련된 구인 공고 의뢰가 들어왔다. 이 직종에는 여성이든 남성이든 상관없이 지원할 수 있다. 그래서 코넬리아는 해당 내용에 '성별 무관'이라는 말을 넣어 공고를 완성했다. 이것은 공식적으로 올바른 내용이다. 그녀의 남성 직장 상사들도 말로는 해당 공고문에 불만을 표시하지 않았다. 대신 그들은 노골적인 몸짓언어로 해당 공고문의 승인을 거절했다. 고개를 절레절레 흔드는 것부터 짜증이 난다는 듯 시선을 휙 돌리는 행동까지 매우 다양한 방식으로 말이다.

코넬리아는 곧 이 모든 행동에 무뎌져야 한다는 사실을 깨달았다. 그녀는 상사들의 비언어적인 거절을 개인적인 감정으로 받아들이지 않아야 한다는 점을 배웠다. 코넬리아는 오히려 그것을 재미있는 상황으로 이끌어갈 만큼 자신감이 넘치는 사람이었다.

예를 들어 상대방이 입꼬리를 한껏 내리고 고개를 가로젓는 행동을 하면 코넬리아는 부드럽게 말한다. "제가 보니까 이 제안에 관심이 있으신 것 같네요. 제 의견이 받아들여져서 기쁩니다. 원하신다면 더 자세히 설명할까요?"

이렇게 대답함으로써 코넬리아는 대화 상대방에게 완곡하지만 명확하게 표현한다. "당신의 거절을 뜻하는 몸짓언어는 나를 당황하게 하지 않습니다."

오히려 그 반대로, 코넬리아는 상대방이 반대 의사를 보일 때마다 자신의 의견을 더욱 적극적으로 설명하고 싶다는 자극을 받는다.

무시를 이기는 무반응의 힘

코넬리아의 상사들이 그녀에게 거절하는 몸짓언어를 보이는 횟수가 줄어드는 데까지 그다지 오랜 시간이 걸리지 않았다. 그들은 코넬리아가 쉽게 포기할 사람이 아니라는 사실을 빠르게 학습했다. 하지만 그녀를 겨냥한 더욱 과격한 공격이 시작되었다. 아마도 코넬리아를 시험하려는 목적이었으리라.

어느 날 남성 혹은 여성 적임자를 찾는 차기 사장직 구인 의뢰가 들어와 중요한 회의가 진행되었다. 코넬리아는 뒤늦게야 회의에 참석하라는 연락을 받았다. 그녀가 회의실에 들어갔을 땐 빈 의자가 없는 상태였다. "저는 어디에 앉을까요?"라는 코넬리아의 질문에 회의실에 앉아 있던 사람들은 어깨를 으쓱할 뿐 아무도 대답하지 않았다. 코넬리아가 당황하기를 기대하는 듯 모두가 그녀를 빤히 쳐다보고만 있었다. 자, 이제 코넬리아는 어떻게 반응해야 할까?

그녀는 옆 회의실에서 의자를 하나 가져올 수도 있었다. 하지만 그녀는 그렇게 하지 않고, 자신 있고 당당하게 서 있었다. 등을 곧게 펴고, 어깨의 힘을 빼고, 침착한 시선으로 입가에는 미소를 띤 채 자신감 있는 모습으로 서 있었다. 자신이 발언할 차례가 되었을 때 코넬리아는 상대방을 모두 내려다보는 위치가 되었다. 모두들 코넬리아가 서 있는 자세를 더 좋아한다는 것을 깨달았다. 코넬리아는 자신만의 몸짓언어로 이렇게 표현했다. "나는 여기에 서서 당신들을 내려다보고 있다. 얼마나 기분 좋은 일인지!"

그다음 회의부터는 늘 코넬리아의 자리가 마련되어 있었다. 그녀는 상대방이 자신을 무시하려고 시도하는 모든 행동을 못본 체했다. 마치 멀리 떨어진 곳에서 돌멩이가 하나 굴러간 듯, 관심 없는 사건을 마주한 것처럼, 그녀는 아무런 반응을 보이지 않았다. 누가 그녀에게 미쳤다는 손짓을 해도, 손으로 머리를 짚으며 한숨을 내쉬어도, 그 누군가가 코넬리아로부터 얻을 수 있는 반응은 하나뿐이다. 바로 무반응이다. 이것은 타인의 행동을 개인에 대한 공격이라고 판단하지 않는 손쉬운 방법이다. 코넬리아는 이런 방법으로 자신의 에너지를 아꼈다. 뚜렷한 목표를 눈앞에 두고 있다면 에너지를 아끼는 노력이 큰 도움이 된다. 코넬리아는 단지 자신의 목표에 포함되지 않는 모든 '기타 사항'에 신경을 쓰지 않을 뿐이다.

'의도적인 오해'가
가져오는 여유

⁉️

    당신과 이야기를 나누던 누군가가 눈길을 다른 곳으로 돌리거나, 혀를 내밀거나, 높이 솟은 가운뎃손가락을 보인다면 그 사람은 절대 당신에게 다정한 말을 하려는 속셈이 아닐 것이다. 하지만 이미 설명했듯이, 상대방의 행동을 해석하는 사람은 당신이다. 만약 당신이 그런 행동을 보고 상대방의 얼굴에 케이크를 던져 버리고 싶어진다면 그 이유는 당신이 그 행동을 제대로 해석했기 때문이다. 안타깝게도 말이다. 하지만 당신은 상대방의 행동을 일부러 다른 방향으로 해석함으로써 상황을 재미있게 만들 수 있다.

'의도적인 오해'는 당신이 여러 사람과 함께 있을 때, 즉 어떤 그룹 안에 속해 있을 때 빛을 발한다. 당신이 무언가를 설명하고 있는데 그룹의 한 사람이 관자놀이 옆에서 손가락을 빙빙 돌린다. 나머지 사람들은 당신이 어떤 반응을 보일지 호기심 어린 눈길을 보낸다. 이 상황에서 당신이 보여야 할 건 딱 한 가지, 바로 여유 만만한 행동이다.

당신은 상대방의 무례한 행동을 자유롭게, 그리고 고의로 다르게 해석한다. 그리고 이렇게 말한다. "의견 고맙습니다! 맞아요, 저도 머리가 있어요. 또 재미있는 이야기가 있는데, 그게 뭐냐면…" 그런 다음 마치 아무것도 보지 않은 양 이야기를 이어나간다. 실제로 아무 일도 일어나지 않았다. 그냥 누군가가 자신의 관자놀이 옆에서 손가락을 리듬에 맞춰 조금 움직였을 뿐이다.

아니면 이렇게 말할 수도 있다. "네, 맞아요. 잘 아시네요. 거기에 당신 머리가 있죠." 이처럼 상대방의 행동을 일부러 다른 방향으로 해석해 보자. 상대방의 무례한 행동을 올바르게 해석해봐야 당신에게 득 될 것이 없기 때문이다. 그것은 당신도 원하지 않는 일이다.

한마디 더 보태고 싶다면, 상대방의 행동 덕분에 이야기를 더 이어 나갈 수 있겠다고 말하면 된다. 그리고 당신의 의견을 펼친다. 상대방의 무례한 행동을 의도적으로 다르게 해석하는 전략에 대해 좀 더 알아보자.

[막말 대응 전략 ⑪]
무시의 몸짓언어 긍정적으로 해석하기

당신이 말을 하는 동안 상대방이 손으로 총을 만들어 쏘는 행동을 하거나 과장되게 하품하는 등, 당신을 무시하는 몸짓을 보인다고 상상해 보자. 당신은 의도적으로 그 신호를 다르게 해석한 뒤 긍정적인 반응을 보인다. 그리고 상대방의 행동으로 동기부여를 받은 듯 이야기를 이어간다.

- 아주 즐거워 보이시네요! 어떤 사람들은 자기 손이랑 머리를 가만히 두지 못하더라고요. 활발해서 좋다고 생각해요. 그렇게 발랄하게 제 이야기에 집중해 주시니, 두 가지 정도 더 말해야겠네요. 제 생각에는 저희가 미래에…
- 네 행동을 보니까 내 의견에 찬성하는 것 같네. 그래서 말인데, 조금 더 설명을 이어가 보려고 해. 뭐냐면…

- 몇 분의 움직임을 보니까 아주 적극적으로 제 의견에 동의하시는 것 같아요. 그렇게 관심이 많으시다면, 제가 더 이야기해야겠네요. 제가 이렇게 제안하게 된 배경은…
- 재미있는 행동이네요! 맞아요, 제가 지금 아주 중요한 이야기를 했죠. 제 의견 세 가지를 다시 요약하자면…
- 그 행동은 더 길게 설명해 달라는 뜻이지? 알겠어, 네가 그렇게 원한다니 지금부터 중요한 이야기를 할 건데 그게 뭐냐면…

말없이 우아하게
상대를 제압하는 법

⁉

다른 사람이 당신을 무시하는 태도를 보이더라도 당신은 내면의 교양 있는 모습을 무너뜨리지 않아야 한다. 다른 사람들이 당신에게 던진 정신적인 미끼에 이끌려 함정에 뛰어들지 마라. 내가 추천하는 전략 중 몇 가지는 평소에 자주 사용하는 익숙한 행동이 아니다. 나는 이것을 창의적인 행동이라 부른다. 이것은 고의로 탄생한 창의성이다. 그런 행동으로 당신은 상대방의 공격이나 도발을 막아 낸다. 더 자세히 말하자면, 맞서 싸운다기보다 상대방이 예상하지 못한 반응을 보이면 된다. 어쩌면 윙크나

잔잔한 미소로 반응했을 때 마법과 같은 효과를 얻게 될 것이다.

앞으로 소개하는 전략을 활용하면 당신은 상대방의 도발적인 몸짓언어에 아무 말도 하지 않고 반응할 수 있다. 즉, 당신 또한 말없이 표정과 행동으로만 반박 답변을 내놓는다. 이때 당신이 가져야 할 마음가짐은 역시 "그래서 어쩌라고?"다.

[막말 대응 전략 ⑫]

몸짓으로 "그래서 어쩌라고?" 표현하기

누군가가 당신을 보면서 과장된 손동작으로 머리를 감싸 쥐는 행동을 한다고 상상해 보자. "아주 구제불능이군."이라는 뜻이다. 이제 당신은 이 행동을 가볍게 받아들이고, 똑같이 비언어적 행동으로 "그래서 어쩌라고?"라는 의미를 상대방에게 전하면 된다. 즉, 상대방의 도발에 참여해 같은 경험을 선사한다. 몸을 움직여 다음에 나오는 예시 동작을 따라 해보자. 상황을 가볍고 재미있게 만드는 동작이 대부분이지만, 어떤 것은 진지한 상황에서도 사용할 수 있다.

말없이 "그래서 어쩌라고?"를 표현하는 방법은 다음과 같다.

- **손으로 윙크하기**: 한쪽 손을 높이 들고 마치 윙크를 하듯 손가락을 오므렸다 펴면서 반짝임을 나타내 보자.
- **나마스떼 자세**: 양손을 가슴 앞에 모아 합장을 한다. 그리고 살짝 허리를 굽혀 인사한다.
- **심호흡하기**: 숨을 깊게 들이쉬고 아주 천천히 다시 내뱉는다.
- **우는 척하기**: 검지를 살짝 구부려 눈가에 대고 슬픈 표정을 짓는다.
- **경례하기**: 한쪽 손을 곧게 펴고 이마에 가져다 대며 군인이 경례하는 동작을 취한다.
- **짜잔!**: 양팔을 몸에 붙이고 팔꿈치 아래만 들어 올려서 손바닥이 위로 가도록 한 뒤 상대방에게 보여 준다. 마치 마술쇼를 끝낸 사람처럼.

이런 동작을 보여 준 뒤 상황을 종료한다. 굳이 상대에게 말로 설명할 필요가 없다.

엉뚱한 반응으로
허를 찔러라

⁉️

만약 말없이 "그래서 어쩌라고?"를 표현하는 전략이 답답하게 느껴진다면 입심을 발휘하는 전략을 사용해도 좋다. 기본은 늘 "그래서 어쩌라고?"다. 단, 이 문장을 다른 단어로 바꾸어 여러 가지 버전을 만든다. 조금 큰 소리를 내도 좋다. 당신이 즐길 수 있을 정도로 말이다.

이 전략을 사용하기에 앞서 염두에 두어야 할 점은 진지한 토론 상황, 중요하고 전문적인 대화 상황, 공공관청의 업무 상황 등에서는 이 전략을 사용해서는 안 된다는 것이다. 이 전략은 당신이 자유 시간에 친구나 친척, 동기 등 편한 사람들을 만났을 때 사용해야 한다. 특히 타인에게 태클 걸기를 좋아하는 사람에게 사용하도록 하자.

예를 들어 당신이 어떤 파티에서 다른 사람들과 이야기를 나누고 있다고 상상해 보자. 상대방은 당신의 의견이 말도 안 된다고 생각하고 이를 표현하고 싶었던지 손가락으로 자신의 목을 조르는 시늉을 한다. 당신은 이런 행동에 모욕감을 느꼈고, 주변에 있던 다른 사람들은 이제 흥미진진한 표정으로 당신이 어떻게 반응할지 기다리고 있다. 이런 상황에서 당신이 상대방의 행동에 엉뚱하게 반응하는 전략을 알아보자.

[막말 대응 전략 ⑬]
엉뚱한 반응으로 당황하게 만들기

당신과 대화하던 상대방이 손가락으로 자신의 목을 조르는 시늉을 했다. 당신은 다음 예시를 활용해 반격할 수 있다.

- 무슨 대답을 할지 생각 중이세요?
- 무슨 말을 할지 까먹으셨어요?
- 오, 그 자세 멋지네요. 무슨 소리를 내시려고요?
- 정말 재미있는 자세네요. 더 해보세요.
- 아, 저 그 자세 알아요. 어디서 봤는데, 어디더라?
- 에이, 너무 약해요. 더 세게 힘을 줘야죠!
- 이런, 정말 죄송해요. 저는 당신한테 그런 쪽으로는 관심이 없어요.

비웃음은 나를
단련할 기회일 뿐

!?

자, 이제 위기를 기회로 바꿀 순간이다. 당신을 상처 주려는 상대방의 행동, 당신을 비웃고 경멸하려는 상대방의 표정은 오히려 당신이 자신을 단련할 기회다. 당신은 그것을 뛰어넘는 방법을 배워야 한다. 유머감각과 창의력을 갈고닦아야 한다. 반박 답변에 따라 당신은 대화의 우위를 선점할 수 있다. 그리고 우위를 차지하게 되면 절대 그 자리에서 물러나서는 안 된다.

이때도 역시 당신만의 작전 구역을 지킨다. 당신의 영역에 머무는 동안에는 자유롭게, 당신이 중요하다고 생각하는 일에 집중한다. 앞서 설명했듯 때에 따라서는 윙크 작전이나 엉뚱한 답변을 사용해서 안 되는 상황도 있으니 주의한다. 예를 들어 경찰관이 당신에게 딱지를 떼고 있는 상황이라면 이런 전략을 사용하지 마라. 당신에게 이익이 될 것이 없다.

하지만 그 외의 상황에서 자신을 즐겁게 만드는 비언어적 표현이 떠올랐다면 바로 그때야말로 상대방의 공격이 당신에게 아무런 영향을 미치지 않았다는 뜻에서 윙크를 보여 주도록 하자.

다양한 몸짓언어 익히기

대부분의 사람은 표정이나 동작으로 나누는 대화가 말로 하는 대화보다 애매하다고 생각한다. 손짓이나 발짓으로 타인과 대화를 나눠도 될까? 당연히 된다! 당신의 몸은 늘 무언가를 말하고 있다. 사람은 몸짓언어 없이는 타인과 대화를 나누지 못한다. 그렇다면 당신이 행하는 의사소통의 한 부분을 늘 차지하고 있는 몸짓언어에 조금 더 자유를 베풀자.

지금부터 소개하는 간단한 연습을 따라 하면 당신은 자신의 표정, 동작, 자세를 조정할 수 있다. 아래 내용을 연습해 보고, 당신이 비언어적인 표현으로 어디까지 나타낼 수 있는지 시험해 보자. 당신이 연습해 볼 내용은 다음과 같다.

- '내가 바로 여기 있다!': 마치 연예인이 되어 무대에 등장하는 듯한 자세를 취해보자. 자세, 표정, 그리고 특히 손의 위치

에 신경을 쓴다.

- '이겼다!': 당신이 엄청난 승리를 거두었다고 가정하고 자세를 취해 보자. 사람들의 함성이 당신에게 쏟아진다. 팔의 모양, 다리의 각도, 머리의 위치, 표정에 신경을 쓴다.

- '마법사가 되어 외치자, 아브라카다브라!': 마법사가 된 듯 팔과 손을 움직여 보자. 그리고 주문에 맞는 표정을 짓는다.

- '쉿, 지금 당신은 비밀을 누설하는 중!': 이 동작은 앉아서도 할 수 있다. 다른 사람에게 이리 가까이 오라는 듯 윙크를 하고, 상체를 움직여 서로의 몸을 가까이한다. 이때 비밀 이야기를 하면서 지어야 할 표정과 손짓을 빼먹지 말자.

- '아니요, 아니요': 다시 한번 아니요. 그건 절대로 안 됩니다. 이제 그 이야기는 여기서 끝이라는 사실을 명확하게 보여주는 동작을 취한다. 당신이 그것을 원하지 않는다는 바를 보여 준다. 당신의 표정과 손동작에 주의한다.

- '음, 잘 모르겠어요. 아직 생각 중이에요': 무엇인가를 고민하는 표정을 지어 보자. 그리고 그 표정에 맞는 동작과 자세를 취한다.

- '이 세상이 다 내 것이 된 것만 같아요': 기쁜 감정을 최대한 표출하자. 행복하고 즐거운 표정을 지으며 그것에 맞게 팔을

움직여 본다. 자세에도 신경을 쓴다.

- '완전히 사랑에 빠졌어요': 상대방의 의견에 적극 동의할 때 그에 어울리는 표정과 행동, 자세를 취해 보자.
- '전혀 관심 없고, 나랑 상관없음!': 최대한 무관심한 표정과 태도, 자세를 보이자.
- '가차 없는 시선': 누군가가 큰 실수를 저질렀을 때 당신이 화가 났다는 것을 보여 주는 표정과 태도를 보인다. 당신이 앉아 있는지 서 있는지에 따라 고개를 어떻게 움직여야 하는지 연습한다.
- '애교 섞인 표정': 상황에 따라 상대방에게 애교를 떨어야 할 때도 있다. 그럴 때 어떤 표정을 짓겠는가? 또 당신이 그런 표정을 지었을 때 놀랄만한 상대방을 골려주려면 어떻게 해야 하는가?

당신의 몸짓언어가 상대방에게 명확하게 전해지도록 만들자. 일상생활 속에서 어떤 상황에 하나, 혹은 여러 개의 몸짓언어를 사용할 수 있는가?

"가만히 있어도 괜찮아요!"

강연을 시작하자마자 곧바로 내 얘기에 흥미를 잃어버린 한 여성에 관한 에피소드다. 다른 청중들은 내가 진행하는 세미나에 흥미롭다는 반응을 보였다. 하지만 이 여성은 가슴 앞에 팔짱을 끼고 앉아 있었다. 마치 자신의 신발을 검사하듯 고개를 푹 숙이고 있었다. 긴 머리가 얼굴을 완전히 가릴 정도였다. 그녀의 자세는 이렇게 말하고 있었다. "난 아무런 의욕이 없어요. 다 바보 같은 말들뿐이에요."

지금부터 이 여성을 가만히 씨라고 부르겠다. 물론 그녀의 본명은 아니다. 하지만 매우 잘 어울리는 이름이다. 그녀는 세미나 도중 발생하는 모든 대화에 전혀 참여하지 않았다. 또 내가 제시한 연습을 전부 거부했다. 가만히 씨는 그저 그 자리에 가만히, 아무런 반응도 보이지 않고 앉아 있었다. 가만히 씨 때문에 나는 긴장했다. 조금 화가 나기도 했다. 그녀가 나의 강연을 마음에 들어 하지 않는다는 것이 너무나 확연했기 때문이다. 하지만 그렇다고 해서 가만히 씨에게 직접 말을 걸지는 않았다. 그녀가 부정적으로 답하리라는 것이 명확했기 때문이다. 다른 청중들은 강연을 즐기며 서로 어울려 재미있는 시간을 보내고 있었기에, 나는 그 좋은 분위기를 망치고 싶지 않았다. 나는 가만히 씨를 그저 지켜보기만 했다. 쉬는 시간마다 그녀는 늘 어디론가 사라졌다. 그때마다 나는 가만히 씨가 다시 강의실로 돌아오지 않기를 바랐다. 그러는 편이 나에게도 부담이 적었을 테니 말이다. 하지만 나의 바람과 달리 가만히 씨는 다시 돌아왔고, 계속해서 가만히 앉아 있었다.

강연이 끝나고 내가 인사를 마치기가 무섭게 그녀는 강의실을 나가버렸다. 가만히 씨를 제외한 청중들은 나에게 칭찬과 긍정적인 평가를 보냈다. 하지만 나의 내면은 그날의 강의를 불만족스럽다고 느꼈다. 나는 그날 의사소통 전문 트레이너로서 모든 사람과 의사소통을 하는 데 성공하지 못했다. 그래서 해당 강의는 나에게 실패작이 되었다.

3주 후 나는 똑같은 회사를 찾아 다른 주제로 강의를 하게 되었다. 그런데 이럴 수가. 누가 강의실에 와 있었는지 상상이 가는가? 가만히 씨가 자리에 앉아 팔짱을 끼고 머리를 길게 늘어뜨리고 있었다. 나는 속으로 생각했다. '이번에는 참지 않으리.'

짧은 쉬는 시간 동안 나는 가만히 씨를 찾았다. 그녀는 강의실 밖 문 앞에 있었다. 혹시 그녀가 나를 거부할까 두려워 매우 조심스럽게 말을 걸었다. "실례합니다. 방해하려는 건 아니에요. 제 생각에는 당신이 다른 청중들과는 다른 방식으로 강연에 참여하시는 것 같아서요. 제 강연이 마음에 드시는 건지 궁금합니다."

가만히 씨는 바닥에 시선을 고정한 채 입을 열었다. "아뇨, 저는 이대로 괜찮습니다. 전 원래 그런 활동은 같이 안 해요. 우리 회사에서 예전에 강연을 진행했던 사람들은 꼭 연습을 같이해야 한다고 강조하더군요. 그리고 제가 그것을 같이하기 싫다고 하니, 강연에 참석하지 못하게 했어요. 그런데 선생님은 그렇지 않고 차분하시네요. 지금 하시는 방식대로 하셔도 될 것 같아요. 선생님이 설명해 주시는 내용 중에는 배울 것이 많더군요."

나는 깜짝 놀라 그녀를 쳐다보았다. 무슨 말을 해야 할지 몰랐다. 그녀가 나의 강연 내용을 칭찬하다니, 전혀 예상하지 못한 반응이었다. 가만히 씨는 일어서서 강연장 쪽으로 걸어갔다. 그리고 내 쪽으로 몸을 돌리더니 말했다. "쉬는 시간이 끝났네요. 강연 계속하셔야죠?"

나는 어깨에서 20kg은 족히 되는 정신적인 짐이 떨어져 나간 기분이었다. 그녀가 무슨 말을 했는가? 내가 차분하다고? 나는 그녀가 그 말을 했을 때야 비로소 그렇게 되었을 뿐이다.

가만히 씨는 다시, 언제나처럼 자리에 가만히 앉아 있었다. 그리고 나는 어땠을까? 나는 아주 가벼운 마음으로 즐겁게 남은 강연을 마쳤다. 강연이 끝난 후에는 기쁜 마음으로 모든 참가자와, 특히 가만히 씨와 작별인사를 나누었다. 나는 가만히 씨가 강연이 재미없다는 불만을 쏟아내고 있었던 것이 아니라는 사실을 깨달았다. 가만히 씨는 그저 있는 그대로의 자신을 표출했을 뿐이다.

그 이후로도 같은 회사에서 여러 번 강연이 진행됐다. 그리고 대부분의 강연에 가만히 씨가 참석했다. 그녀는 자신의 태도를 바꾸지 않았다. 늘 똑같이 팔짱을 끼고, 머리카락을 얼굴 앞으로 길게 늘어뜨리고 있었다. 그녀는 단 한 번도 적극적으로 연습에 임하지 않았다.

하지만 내가 태도를 바꾸었다. 이 경험을 바탕으로 나는 그 이후 진행하는 모든 세미나와 워크숍을 시작하기 전 청중에게 말한다. "강연에서 진행하는 모든 연습은 여러분의 자유 의지에 따른 것입니다. 강제성은 없습니다. 연습에 참여하지 않으셔도 됩니다. 저는 여러분이 강연을 그저 듣고만 계셔도 좋습니다."

그렇게 나는 청중의 반응을 편안하게 생각하는 법을 배웠다.

비꼬는 말에 먹이는 **통쾌한 한 방**

4장

은근히 비꼬는 저 말투, 정말 듣기 싫어!

비꼬는 말은
호의를 가장한 언어공격이다

이번 장에서는 '비꼬는 말'에 대해 알아보자. 이것은 잠재의식에서 우러나는, 위장된 공격이다. 이 언어공격에 욕설은 섞여 있지 않지만, 듣는 사람 처지에서는 어쨌든 상처를 받는다. 비꼬는 말은 친절함이나 칭찬이라는 가면 아래 폄훼를 숨기고 있다.

'비꼬는 말'과 더불어 우리는 '노골적으로 헐뜯는 말'에도 집중해야 한다. 그 이유는 매우 당연하다. 만약 누군가가 당신을 은밀하게 비꼬았을 때, 당신이 그에 어울리는 답변을 찾아 반격을 가한다면 공격자는 싸움 방식을 바꿀 것이기 때문이다. 간접적인 독설이 당신에게 통하지 않는다는 사실을 눈치챘다면 공격자는 전략을 바꿔 '대놓고' 당신을 공격하기 쉽다.

그러므로 이번 장에서는 두 가지 공격 방법, 즉 직접적인 언어공격과 간접적인 언어공격에 전부 대응할 수 있는 반박 답변을 배워보도록 하자.

"친절한 척 비꼬는 말이 더 기분 나빠"

타베아는 시어머니의 방문을 기다리고 있다. 시어머니가 집에 방문하겠다고 통보했기 때문이다. 타베아는 시어머니와 그다지 사이가 좋지 않다. 시어머니는 지나치게 깐깐하고 모든 사소한 일에 간섭한다. 특히 가사에 관련된 것이라면 뭐든지. 그래서 타베아는 시어머니로부터 단 한마디의 비난도 듣지 않기 위해 며칠 동안이나 집 안을 구석구석 청소했다. 식사로는 정성이 깃든 메뉴를 준비했고, 고급스러운 옷까지 꺼내 입었다. 모든 것이 완벽해 보였다.

시어머니가 초인종을 울렸다. 타베아와 남편은 문을 열고 시어머니를 맞이해 반갑게 인사를 나누었다. 시어머니는 코트를 벗고 집 안을 잠시 둘러보더니 타베아의 뺨을 부드럽게 쓸며 인자한 미소를 띠고 이렇게 말했다.

"아가야, 이렇게 하면 어떻겠니? 내가 청소 좀 하고 있을 테니, 너는 그동안 예쁜 옷으로 갈아입고 오렴."

발사, 그리고 명중! 타베아는 기분이 매우 상해 할 말을 잃었다. 시어머니의 말에는 부정적이거나 모욕을 주는 상스러운 단어가 전혀 들어 있지 않다. 하지만 배려와 친절로 포장한 비꼼의 의미가 숨어 있다. 타베아로서는 직접적인 모욕보다 시어머니의 간접적인 언어공격을 담은 말이 더 불쾌하다. 그녀는 반박 답변을 할 수도 없다. 시어머니의 말 자체에는 잘못된 점이 하나도 없기 때문이다. 시어머니가 욕설을 사용했는가? 아니다. 오히려 그 반대다. 시어머니는 심지어 두 팔을 걷어붙이고 자신이 집안일을 도와주겠다고 말했다. 하지만 그 말은 타베아에게 비수가 되어 꽂혔다.

시어머니의 말은 타베아의 살림과 옷차림에 대한 은밀한 비난과 모욕이 담긴 언어공격이다. 이렇게 공격하는 말에는 '네가 얼마나 노력했든지 상관없어. 나는 네가 하는 일이 무엇이든 만족하지 않을 것이고, 그걸 늘 표현할 거야.'라는 화자의 심리가 숨어 있다.

비꼬는 말이 담긴 언어공격을 당했을 때 감정적으로 반박해서는 안 된다. 당신이 보여야 할 태도는 다음과 같다.

- 나는 당신에게 인정/칭찬받을 필요 없어요.
- 나 자신의 가치는 내가 정해요.

나는 이런 언어공격에 대응할 반박 전략을 개발했다. 매우 재미있는 전략이다. 하지만 이 전략을 배워보기 전에 우선 시어머니의 은근한 공격을 조금 더 자세히 들여다보자. 이런 공격은 예술작품이나 마찬가지이기 때문이다.

솔직하게 말하겠다. 의사소통 전문가로서 나는 타베아로부터 시어머니가 시도한 언어공격에 대해 들었을 때 흥분과 전율을 느꼈다. 무장 해제된 피해자에게 날리는 공격을 이토록 친절하고 사랑스러운 말로 포장하다니, 대단한 걸작이다. 이렇게 아름답고 세련된 언어 사용 앞에 나는 경의를 표할 수밖에 없다. 이런 말로 공격을 당하면 어지간한 내공으로는 반격하기가 쉽지 않다.

쉽게 상처받는 사람들의 특징

앞서 소개한 예시에서는 두 명의 여성이 서로 대치한다. 은근히 비꼬는 언어공격은 여성들 사이에서 더 많이 일어난다. 더 효과적이기 때문이다. 여성들은 남성들보다 공감 능력이 뛰어나고 섬세하다. 그래서 은근한 비꼬기를 더 잘 감지한다. 즉, 여성들은 행간을 읽는 능력이 뛰어나다. 그리고 이 능력은 자신이 들은 내용에 상상력을 더하게 만들기도 한다.

예를 들어 어떤 여성은 "안녕하세요. 얼굴이 좋아 보이시네요. 살이 좀 찌시니까 보기 좋아요."라는 말을 무례하다고 생각한다. 그런데 만약 어떤 남성에게 "얼굴이 좋아 보이시네요. 혹시 살찌셨어요?"라고 묻는다면 그 남성은 자랑스럽게 자신의 배를 두드리며 "맞아요! 이게 다 맥주로 만들어진 거라니까요."라고 말할 가능성이 크다.

타베아의 시어머니의 경우 며느리에 대한 간접적인 언어공격을 아주 친절한 말로 포장한 것이 분명한 경우지만 어떤 사람들은 대화 상대방의 말에 숨겨진 비꼼을 일부러 찾아내 해석하기도 한다. 이렇게 어떻게든 모욕을 찾아내는 사람은 말하자면 '슈퍼 울트라 필터링 기능'을 장착하고 있는 셈이다. 하지만 안타깝게도 바로 이 슈퍼 울트라 필터링 기능이 상대방의 말을 공격으로 바꾸는 것이다. 더 정확히 말하자면, 너무 쉽게 상처를 받는 사람들은 대화할 때 지나치게 고민한다. 너무 많이 걸러내고, 너무 깊이 해석하고, 지나치게 전전긍긍한다.

숨겨진 의미를 굳이 파헤치지 마라

그렇다면 해법은 간단하다. 그 반대로 행동하면 된다. 즉, 더이상 필터링을 하지 않으면 문제 해결이다. 이제 상대방의 말이 무슨 뜻일지 이해하려고 기다리지 않아도 된다. 당신의 재능을 낭비할 필요도 없다. 은근한 모욕은 못 들은 척하라. 어떤 말을 듣든 평정을 유지하자.

이제 타베아는 자신의 태도를 180도 바꾸었다. 시어머니에게 인정받기 위해 타베아는 더 이상 노력하지 않는다. 타베아는 그런 속박에서 자유로워졌다. 또한, 시어머니의 말에서 가시를 골라내 스스로 상처받는 일도 그만두었다. 시어머니가 그녀의 행동을 좋아하든 말든, 타베아는 '어쩌라고요?'라는 태도로 임하기 시작했다.

그렇다면 자신감을 되찾은 타베아는 시어머니의 말에 어떻게 다르게 반응할까? 앞서 소개했던 상황을 돌이켜 보자. 시어머니가 집에 찾아와 다정한 목소리로 이렇게 말한다. "아가야, 이렇게 하면 어떻겠니? 내가 청소 좀 하고 있을 테니, 너는 그동안 예쁜 옷으로 갈아입고 오렴."

이제 타베아는 강박에서 벗어나 이렇게 대답할 수 있다. "어머, 정말요? 고맙습니다, 어머님. 그러면 부엌을 청소해 주시겠어요? 청소도구는 싱크대 밑 찬장에 들어 있어요. 그동안 저는 이 비싼 옷을 벗고 편한 운동복으로 갈아입고 올게요. 전 신경 쓰지 마시고 청소하세요. 금방 올게요."

또는 침착한 태도로 이렇게 말할 수 있다. "어머, 말씀만으로도 감사합니다! 하지만 집은 이미 제가 깨끗하게 치웠어요. 이 옷도 충분히 예쁘고요. 아무튼, 신경 써 주셔서 고맙습니다."

타베아는 이렇게 대답함으로써 은근한 모욕이 자신에게 아무런 영향을 미치지 않는다는 점을 확실히 보여 주었다. 며느리를 향한 시어머니의 언어공격은 공기 중으로 흩어졌다.

문자 그대로 해석하면 불쾌하지 않다

어떤 말을 들은 사람이 그 말에 숨은 뜻을 필터링하고 해석한 뒤 모욕당해서 불쾌하다는 반응을 보일 때 비로소 언어공격이 성립한다. 이 공격을 무력화하는 요령은 바로 당신이 들은 말을 문자 그대로 받아들이는 것이다. 상대방의 말을 있는 그대로 이해한 뒤 그에 맞는 대답을 내놓는다.

다시 한번 연습을 해보자. 여기에 몇 가지 은근히 비꼬고 빈정대는 표현이 있다. 이런 공격을 이겨내려면 슈퍼 울트라 필터링 기능은 잠시 꺼 두고, 모든 말을 사전적인 의미로만 이해해야 한다.

상대방: "안녕하세요. 얼굴이 좋아 보이시네요. 살이 좀 찌시니까 보기 좋아요."

당신: "네, 맞아요. 이 세상에 태어난 다음부터 계속 일어난 일이죠. 태어난 이후 얼마나 살이 쪘는지 몰라요."

상대방: "뭐든지 네가 제일 잘 알지? 아주 잘나서 좋겠다."

당신: "나도 그렇게 생각해. 너도 그걸 알고 있다니 기분 좋네.

인정해 줘서 고마워."

상대방: "참 재미있는 옷이네요. 핼러윈에나 어울리겠어요."
당신: "핼러윈이요? 그건 일 년에 한 번 있는 날이잖아요. 저는
이 옷을 다른 날에도 입는데요. 예를 들면 오늘이요."

이 반박 답변은 공격자에게 '당신의 공격이 실패했습니다.'라
는 증거를 보여 준다. 상대방이 내던진 비수는 힘없이 땅으로 떨
어진다.

공격하는 사람들의 가면을 벗겨라

늘 은근하게 비꼬기를 좋아하는 사람들은 대체로 자신이 대
놓고 비판적인 사람으로 보이기를 꺼린다. 말하자면 이런 사람
들은 옥상 위로 올라가 장애물 뒤에 몸을 숨기고 다른 사람을
노리는 저격수인 셈이고, 이들은 언어라는 총알을 사용한다. 하
지만 이제 우리는 숨어 있는 저격수가 타인의 눈에 드러나도록
만들 수 있다.

이들의 가면을 벗기는 데 가장 좋은 방법은 질문을 활용하는 것이다. 그 사람의 발언이 정확히 무슨 뜻인지 물어보도록 하자. 상대방이 당신에게 무슨 말을 하려고 하는가? 그렇다면 이제 저격수가 숨어 있는 장애물 뒤를 들여다보자. 그곳에 무엇이 숨겨져 있는가?

이제 연습이다. 타베아와 시어머니의 이야기로 다시 돌아가자. 타베아는 질문의 정확한 의도를 다시 물어보고 뜻을 파악할 수 있다. 질문은 다음과 같다.

- 집을 청소하시겠다고요? 왜 그렇게 하고 싶으세요?
- 제가 예쁜 옷을 입어야 한다고요? 지금 제가 입고 있는 옷이 마음에 안 드세요?

이 방법을 사용하면 타베아는 두 가지 장점을 누릴 수 있다. 첫 번째는 타베아가 시어머니가 시도한 은근한 모욕에 직접 반응하지 않아도 된다는 점이다. 즉, 시어머니가 기대한 반응을 돌려줄 필요 없다. 게다가 질문을 하는 동안 다른 반응을 생각해볼 수 있다. 두 번째는 이 질문으로 시어머니를 조금 불편하게 만든다는 점이다. 이렇게 질문함으로써 타베아는 시어머니가 숨기고 싶었던 은밀한 공격을 겉으로 드러나게 했다.

타베아의 질문을 들은 시어머니는 별다른 의미가 없다며, 호의로 한 말이라고 대답한다. 그러면 타베아는 친절한 제안에 감사한다고 말하면 된다. 어쩌면 시어머니가 숨김없이 공격을 드러낼지도 모른다. 예를 들어 어떤 점이 마음에 들지 않는지 노골적으로 지적할 수도 있다. 그러면 대화에 참여하고 있는, 혹은 주변에 있는 모든 사람이 이제 그 대화가 어떤 방향으로 나아가고 있는지 깨닫는다. 상대방이 은밀하게 시도하려던 공격이 만천하에 드러나는 것이다. 이제 대화 참여자들은 그 사항에 대해 공개적으로 의견을 나눌 수 있다.

마음에 걸릴 땐 대놓고 물어보자

정확한 의미를 묻는 말의 가장 큰 장점은 발생할 가능성이 있는 오해를 원천 봉쇄한다는 점이다.

평범한 수다를 나누던 중 오해로 인해 공격받았다고 느끼는 때가 있다. 상대방이 끊임없이 무엇인가를 재잘거릴 때, 안타깝게도 어떤 단어 혹은 문장이 당신을 확 낚아챌지도 모른다. 그러면 오해가 시작된다.

곧장 당신의 무기고로 달려가 반박 답변을 발사하기 전에 상대방에게 물어보자. "그 말은 무슨 뜻이야?" 이렇게 간단한 질문으로 오해를 빨리 풀 수 있다.

질문하기 전략을 공격으로 활용하려면 당신의 원래 모습보다 조금 아둔한 태도를 설정하는 편이 좋다. 상대에게 질문할 때 정말 몰라서 물어본다는 반응을 보이자. 일부러 행간을 읽지 않으면 굳이 숨겨진 모욕을 찾아내지 않아도 되니 간편하다. 이쪽으로 날아오는 모든 은밀한 공격을 애써 이해하지 않으면서 상대방에게 그 의미를 물으면 방어 성공이다.

[막말 대응 전략 ⑭]
상대방의 은밀한 공격을 겉으로 드러내기

상대방의 은밀한 언어공격에 대답하지 말고, 그 사람이 실제로 말하고 싶은 바가 무엇인지 물어라.

눈에 잘 띄지 않는 은밀한 비꼬기 공격:
"와, 정말 좋아 보이네! 이제야 정말 너답다. 네가 다이어트에 관심이
전혀 없다는 건 딱 봐도 알겠다."

이제 당신은 상대방의 숨겨진 공격을 공개적으로 만들기 위해 이
렇게 묻는다.

- 그런 말을 하는 이유가 뭐야?
- 나한테 무슨 말이 하고 싶은 거야?
- 네 말을 이해 못 하겠어. 그래서 네가 하고 싶은 말이 뭔데?
- 내가 잘못 들은 것 같은데, 그게 욕이야, 칭찬이야?
- 재밌네. 근데 네가 뭘 말하고 싶은 건지 이해가 안 돼. 나한테 그렇게
  말한 이유가 뭐야?
- 나한테 뭐 하고 싶은 말 있어?

그리고 상대방이 하는 말에 귀를 기울이자. 만약 상대방이 계속해
서 비꼬는 말이나 소위 '신경을 살살 긁는 말'을 한다면 당신도 질
문을 이어가자. 마치 스무고개처럼. 그렇게 함으로써 당신은 상대
방에게 간접적인 공격이 더는 통하지 않는다는 사실을 보여 준다.
질문은 상대방의 공격이 효력을 잃도록 만든다. 물론 당신은 우리
가 이미 앞서 배웠듯이 "그래서 어쩌라고?"를 뜻하는 반박 답변이
나 몸짓언어, 그리고 화제 전환 등의 전략을 이용해 위기를 모면
할 수 있다.

상대방의 본심을 파악하라

그런데 만약 최악의 상황이 발생한다면 어떻게 하겠는가? 당신의 질문을 들은 상대방이 정확하고 직접적인 말로 공격을 시도한다면? 만약 상대방이 매우 분명하고 단호하게 당신은 결점이 많고, 남들에게 불쾌감을 주고, 칠칠치 못하고, 게으르고, 무능하다는 등의 말을 한다면, 당신은 어떻게 대답하겠는가?

우선 그 말에 반응하기 전에 잠시 침묵하라. 그 누구도 당신에게 마치 총알이 총구를 빠져나가듯 빨리 대답하기를 종용하지 않는다. 놀라서 당황하는 것도 당신의 선택이다.

침묵하는 동안 가슴에 손을 얹고 생각해보자. 상대방이 당신을 공격할 만한 근거가 있는가? 상대는 왜 그렇게 당신을 비난하는 것인가?

어쩌면 상대방은 당신에게 중요한 조언을 하려는 것인지도 모른다. 가끔은 언어공격에도 유용한 내용이 숨겨져 있을 때가 있다. 본심은 당신에게 조언하는 것이었는데, 그 순간에 말이 공격적이고 거칠게 튀어나왔는지도 모른다. 물론 대부분의 경우, 상대방은 당신의 행동에 짜증을 느끼거나 원하는 바가 있기 때문에 그런 말을 꺼낸다.

인간관계에서 고성이 오가는 싸움이란 보통 이렇게 시작된다. 두 사람이 격한 말싸움을 벌이고 있다면, 오가는 말의 내면에는 여태까지 말하지 못한 바람, 쌓이고 쌓여서 터져버린 불만사항, 상대방에게 실망한 점 등이 숨겨져 있다. 서로에게 중요한 조언이 될 수 있는 내용이지만 지나치게 흥분한 나머지 서로를 공격하기만 한다. 그렇게 두 사람은 서로를 오해한다.

화가 난 사람은 목소리가 날카로워지고 단어 선택이 거칠어진다. 말이 곱게 나가지 않기 때문에 일단은 전투를 멈추는 것이 중요하다. 상대방의 행동 중 마음에 안 드는 점을 지적하기 전에 우선 마음을 차분히 가라앉히자. 반박 답변을 내놓기 전에 상대방의 공격에 쌀 한 톨만큼이라도 유용한 진실이 들어 있는지 생각하라. 만약 그렇다면 대화할 준비가 되었다는 태도를 보인다. 이때 앞에서 연습했던 막말 대응 전략은 사용하지 않는다. 그 대신 상대방과 진지하게 이야기를 나누고, 더 많은 정보를 요구하도록 한다.

상대방이 나의 부족한 부분을 공격하는 상황에서 사용할 수 있는 한 가지 전략이 있다. 이에 대한 예시는 뒤에서 설명하겠다.

단점인지 아닌지는
내가 판단한다는 자세

⁉️

어떤 회사 세미나에서 쉬는 시간에 한 물리학자를 만나 대화를 나눈 적이 있다. 우리는 그의 취미라는 천문학에 관한 이야기를 나누었다. 그는 나에게 아주 멀리 떨어진 곳에 있는 아름다운 우주먼지에 대해 설명했다. 나는 그 이야기에 완전히 매료되었다. 그는 우주먼지가 찍힌 사진을 컴퓨터의 배경화면으로 사용하고 있다고 덧붙였다.

세미나가 끝나고 우리는 그의 사무실로 향했다. 그가 배경화면으로 사용한다는 우주먼지 사진을 보기 위해서였다. 그런데 그의 사무실에 들어간 나는 충격을 받고 말았다. 그의 사무실은 여태까지 내가 본 사무실 중 가장 지저분하고 뒤죽박죽인 곳이었다.

방은 상당히 컸지만 모든 벽이 높이 쌓인 책, 종이, 파일, 도면, 종이 상자로 가려져 보이지 않았다. 바닥 또한 대부분이 서류로 뒤덮여 있었다. 책상도 종이와 책더미에 파묻혀 있었다. 오직 아름다운 우주먼지 사진이 띄워진 컴퓨터 모니터만이 그 방에서 유일하게 정확히 알아볼 수 있는 존재였다.

나는 그때 "이런, 세상에! 방이 대체 왜 이래요?"라는 말을 내뱉었다. 이 말은 나도 모르게 무의식적으로 튀어나온 것이었다.

물리학자는 한 손을 들어 방 안을 빙 둘러 가리키며 미소를 띠고 말했다. "이렇게 완성하는 데 몇 년이 걸렸죠."

여유로운 그의 대답에 나는 말문이 막혔다. 나는 그가 보편적인 반응을 보이리라 생각했다. 대부분의 사람들이 그러하듯, 방이 지저분해서 죄송하다고 말한 뒤 청소해 주는 사람이 오지 않았다는 변명을 늘어놓거나 버릴 물건을 정리하지 못했다고 말하리라고 생각했다. 하지만 전혀 아니었다.

그는 자신만의 카오스 이론을 근거로 하여 정리정돈을 하고 있었고, 나름 사물들의 위치를 완벽하게 숙지하고 있었다. 심지어 혼돈 그 자체로 보이는 사무실을 자랑스럽게 생각하는 듯 보였다. 나는 그의 반응을 보고 놀랐다. 전혀 예상하지 못했던 반응이었기 때문이다. 그리고 곧 나도 웃을 수밖에 없었다.

그 이후 나는 개인의 생활방식을 헐뜯는 언어공격에 대응할 막말 대응 전략을 만들었다. 해당 전략을 여러 번 갈고닦아 트레이닝 세미나에서 시험해 보기도 했다. 이렇게 자신의 단점과 결함을 오히려 긍정적인 방향으로 제시하는 막말 대응 전략이 완성되었다. 이 전략을 사용하면 당신의 단점을 지적하려던 공격자의 시도가 물거품으로 돌아간다.

[막말 대응 전략 ⑮]
방어하지 말고 동의하는 척하기

상대방의 지적이나 비난에 방어태세를 취하지 말고, 기대에 어긋나는 반응을 보이자. 우선 당신의 단점을 마치 우승 트로피처럼 자랑스러운 것으로 만든다. 그리고 낙관적인 주장을 펼쳐 상대방이 의견 방향을 전환하도록 만든다. 당신이 우승 트로피를 높이 들어 올릴 수 있게 도와줄 이번 전략 또한 3단계 문장으로 구성된다.

1. 당신의 단점에 수긍한다.
2. 당신이 그렇게 되기까지 오랜 시간 노력했다는 점을 강조한다.
3. 똑같은 행동을 상대방에게 권유한다.

실용 예시는 다음과 같다.

공격 예시: "네 문제가 뭔지 알아? 넌 야심이란 게 없어. 너무 게으르다고."
반박 예시: "네가 그걸 알아챘다니 기쁘다. 야심을 버릴 때까지 엄청 오랜 시간이 걸렸거든. 너도 할 수 있을 거야."

공격 예시: "어떻게 하면 너처럼 그렇게까지 칠칠치 못할 수가 있는지 도무지 이해를 못 하겠어."
반박 예시: "내가 칠칠치 못하다는 걸 눈치챘구나! 그렇게 되려고 노력 많이 했거든. 내가 어떻게 한 건지 알려 줄까?"

공격 예시: "너를 대체 누가 좋아하겠니. 어떻게 이렇게 살 수 있는지 모르겠다."
반박 예시: "예전 같으면 신경을 썼겠지만 난 달라졌어. 이렇게 사는 게 편하거든. 너도 똑같이 해보는 게 어때?"

공격 예시: "제발 바보 같은 짓 좀 그만둬. 대체 무슨 짓이야?"
반박 예시: "멋지지 않아? 이렇게 되기까지 엄청 오랜 시간이 걸렸단 말이야. 너도 조금만 연습하면 이렇게 될 수 있어."

때로는 뻔뻔할 필요가 있다

어떤 사람들은 앞에서 설명한 전략이 조금 뻔뻔스럽다고 생각한다. 맞는 말이다. 하지만 때로는 뻔뻔할 필요가 있다. 특히 대화 상대방이 당신의 단점을 지적하고 헐뜯기 시작할 때라면 말이다. 그리고 이 전략을 과소평가하지 않는 편이 좋다.

이것은 그저 재미있는 전략처럼 보이지만, 사실 매우 중요한 교훈을 품고 있다. 바로 정반대되는 생활방식에도 수긍할 수 있다는 가르침이다. 모든 음은 양을 필요로 한다. 숨을 들이쉬었다면 내뱉어야 한다. 건전지에는 양극과 음극이 있어야 한다. 정반대되는 습성이 모여 하나의 존재를 이루는 셈이다. 인간의 삶도 마찬가지로 언제나 두 가지 측면을 가지고 있다.

즉, 다른 사람이 단점이라 지적하는 당신의 생활방식은 그저 삶의 균형을 이루기 위한 다른 측면이다. 당신이 "네가 그걸 알아챘다니 기쁘다. 야심을 버릴 때까지 엄청 오랜 시간이 걸렸거든. 너도 할 수 있을 거야."라고 대답한다고 해서, 이것이 그저 유머로 그치는 것은 아니다. 이 말은 사람의 인생을 이루는 구성에 늘 다른 면이 존재할 수 있다는 깨달음에서 우러난 대답이다.

상대의 분노에
휩쓸리지 말자

비판을 간접적이고 논리적으로 전달하는 또 다른 방법은 진부한 전략을 펼치는 것이다.

"도저히 못 참겠어! 꼭 그래야만 했어?"

이것은 누군가가 자신의 분노를 표출할 때 자주 사용하는 문장이다. 하지만 이런 상투적인 문장에는 다분한 공격성이 숨어있다. 이 문장은 상대방의 기분을 하락시키고 공격을 시작하는 신호다. 비난을 들으면 이성적인 대화가 어려워진다. 만약 우리가 "꼭 그래야만 했어?"라는 말을 듣는다면 우리는 곧장 방어태세를 취할 테고 곧 말싸움에 돌입할 것이다.

다음은 대화 상대방을 자극하고, 불쾌함을 직접 표출하는 문장이다.

- 너 완전히 정신이 나갔구나.
- 도대체 이해를 못 하겠네. 어떻게 그럴 수가 있어?
- 미쳤어?
- 나 완전 열 받았어!
- 진짜 열 뻗치게 만드네!
- 내가 아는데, 그건 실패할 거야. 아무것도 안 될 거라고.
- 또 그런 멍청한 짓을 하네. 생각이란 게 있는 거니?
- 도대체 누가 널 그렇게 만든 건지 모르겠다.
- 말해 봐, 아무것도 이해가 안 되니?
- 또 무슨 착각을 하는 거야?
- 어떻게 하면 그런 생각을 할 수 있어?
- 안 돼, 이건 내가 할 거야! 네 설명 듣고 있을 시간 없어.

이 모든 문장에는 자동차에 비치된 삼각 경보 표시판처럼 '이곳부터 주의하시오!'라는 뜻이 담겨 있다.

상대방이 당신에게 이렇게 말하며 흥분과 분노를 표출했을 때, 만약 당신이 상대방과 똑같은 감정으로 화를 낸다면 두 사람 모두 상처를 입게 된다. 그런 상황을 막으려면 분노를 처음 시작된 곳에 담아 두어야 한다. 분노가 처음 시작된 곳은 물론 상대방이다. 당신은 간단한 연습을 통해 '차분하게' 분노를 피하는 방법을 배울 수 있다.

상대방이 앞서 나온 예시처럼 분노를 표출한다면 당신은 이렇게 생각하면 된다. '경고! 여기서부터 말싸움이 시작됩니다. 마음을 가라앉히고 간격을 유지하세요.'

상대방이 언어로 구성된 삼각 경보 표시판을 세웠을 때 당신은 내면에서 한 발자국 물러서는 습관을 들이자.

상대방이 대놓고 분노와 화를 쏟아부으며 당신을 자극한다면 우선 심호흡을 해라. 화를 내며 반응하기보다 자신의 내면에 머물러라. 상대방의 분노에 휩쓸려서는 안 된다. 상대방이 하는 모든 말을 차분한 마음가짐으로 귀 기울여 듣자. 당신은 상대방과 거리를 둔 상태로 머무른다. 그리고 조금 떨어진 곳에서 심사숙고한 단어를 골라 이성적인 대화를 이끌어 간다.

농담인데
왜 그러냐고?

!?

　은근히 불쾌한 농담이 있다. 이런 농담은 그 자리에 있는 사람 중 누군가를 직접적으로 언급하며 웃음거리로 만드는 종류의 말이 아니다. 대신 어떤 범주 안에 속한 모든 불특정 다수를 무시하는 말이다. 그리고 그 자리에 있는 사람들은 누구나 구성원 중 어떤 사람이 이 범주 안에 속했는지, 누가 지금 웃음거리가 되었는지 정확히 알고 있다.

　예를 들어 누군가의 신앙, 누군가의 출신 지역, 누군가의 피부색을 비웃는 농담이 꽤 많다. 하지만 이런 농담으로 공격당한 사람은 대부분 자신을 방어할 방법이 없다. 그 말이 공식적으로는 '농담' 혹은 '장난'이기 때문이다. 그래서 반박해봤자 "농담인데 왜 그래요? 너무 예민하시네."라는 말을 듣기 십상이다.

"짜증만 나는 멍청한 농담 그만하시죠!"

카트야는 매우 차분하고 이성적인 사람이다. 그녀는 유능한 중개인으로, 전문적이고 자신감이 넘치며 진지하다. 그런데 그녀의 신경을 꾸준히 거슬리는 동료가 있다. 카트야는 늘 냉정한 태도를 유지하려고 하지만 이 동료 직원은 늘 멍청한 농담을 하며 카트야를 분노하게 만든다. 이제 카트야는 이 동료를 보기만 해도 짜증이 날 지경이다.

동료 직원은 스스로가 매력적인 사람이라고 생각하는 모양이다. 그렇기 때문에 오히려 카트야는 그를 무시한다. 그녀가 보기에 동료 직원은 겉보기만 반지르르한, 능력은 없으면서 야심만 넘치는 '카사노바 지망생'이다. 카트야가 그에게 하는 말이라고는 "안녕하세요."라는 아침 인사가 고작이다. 하지만 카트야처럼 유능한 여성이 자신에게 별다른 관심을 보이지 않는 것이 오히려 이 남성 직원을 자극한 모양이다. 이 카사노바 지망생은 어느 날 꼭꼭 숨겨 두었던 비장의 무기를 꺼내 들고 카트야의 앞에 나섰다. 그는 금발과 관련된 농담을 던졌다. 그것도 아주 재미없는 것으로. "컴퓨터에 불이 붙으면 금발 여자는 어떻게 하는지 알아요? 백스페이스 버튼을 누르죠!" 카트야는 금발이다.

안타깝게도 카트야는 그녀를 도발하려는 농담과 장난에 지나친 관심을 보이고 말았다. 카트야는 불같이 화를 내며 그 동료가 말한 외모 차별적이고 성차별적인 농담을 지적했다. 그리고 카트야의 그런 행동으로 인해 불쾌한 농담을 던진 동료가 스포트라이트를 받게 되었다. 그는 자만심에 가득 찬 미소를 지으며 카트야에게 말했다. "여기 우리의 금발 직원이 계시네요! 어제 잠을 잘 못 잤나 봐요? 제가 좋은 밤으로 바꿔 드릴 수 있는데."

카트야가 나의 의사소통 트레이닝에 참가했을 때 그녀가 원한 것은 단 하나였다. 복수! 그녀는 동료 직원의 기를 팍 죽여 놓고 싶었다. 그녀는 너무나 간절히 그를 굴복시킬 수 있는 반박 답변을 원했다. 카트야의 말을 인용하자면 그의 얼굴에서 니글니글한 미소가 싹 사라지도록 말이다. 그리고 나는 전문가로서 그녀의 손에 알맞은 무기를 들려주어야 했다.

물론 복수는 내가 추천하는 방법이 아니다. 복수에는 지혜로움이 단 한 톨도 들어 있지 않다. 복수란 계속해서 이어지는 무능함이다. 복수하려는 사람은 상대방의 수준 낮은 행동에 전염된 셈이다. 상대방과 비슷한 수준 낮은 행동을 생각해 내고 이를 실행하다 보면 자신도 모르게 점점 더 낮은 곳으로 움직인다. 그렇게 내려가다 보면 그들이 도달하는 곳은 결국 이성이라고는 전혀 없는 어두운 들판일 뿐이다.

우선 무력감에서 벗어나자

복수하고 싶다는 생각을 고상한 행동으로 바꾸기란 나에게도 늘 어려운 도전이다. 여기서 말하는 고상함이란 내면을 강하게 만들고 겉으로는 여유 있어 보이게 만드는 행동이다. 상대방의 멍청한 농담 때문에 상처를 받았다면 무엇보다도 먼저 자기 내면의 감정과 생각에 접근해야 한다.

카트야가 복수를 꿈꾼 이유는 자신의 무력함 때문이었다. 말싸움을 벌이다가 상처를 입는 여느 사람들과 마찬가지로 카트야에게 싸움의 원인은 더는 중요하지 않았다. 실질적인 고통은 무력감에서 비롯되었다. 즉, 자신을 지킬 수 없었다는 생각이다. 그것이 가장 큰 상처였다. 그따위 카사노바 지망생이 하는 농담의 희생자가 되는 것, 바로 그 현실이 카트야를 화나게 했다.

카트야는 연습을 통해 자신의 유머감각을 키웠다. 그녀는 허풍을 떨며 과장되게 이야기하면서 웃음을 되찾았다. 유머로 되받아칠 수 있게 되자 복수심이 사라졌다. 과거에 카트야는 금발 여성에 관한 농담에 자신을 대입하며 분노했고 비슷한 말로 복수할 방법을 찾았다. 너무나 고되고 스트레스가 쌓이는 일이었다.

코미디 영화나 시트콤을 떠올려 보자. 등장인물들이 수없이 많은 갈등을 겪고 싸움을 벌인다. 하지만 그들은 곧 유머러스하고 코믹한 방법으로 관계를 회복하고 시청자들에게 감동과 재미를 선사한다. 우리는 늘 괴롭힘과 따돌림을 당하던 약자 캐릭터가 마지막에 재기 넘치는 행동으로 승리를 거머쥐는 모습을 좋아한다.

유머는 해당 사안을 복잡하게 생각하지 않는다는 표현이다. 카트야가 유머감각을 되찾는 순간 그녀는 상대방의 무례한 헛소리를 그녀만의 유머로 퇴치할 수 있게 됐다. 그녀는 카사노바 지망생이 무슨 말을 하든 더는 신경 쓰지 않기로 했다. 그가 하는 말과 유머는 이제 그의 문제다. 카트야가 그것을 자신의 문제로 만들 필요가 없다. 이제 카트야는 자신이 재미를 느끼는 일에 집중할 수 있다. 그녀는 카사노바 지망생보다 자신에게 주의를 기울인다. 카트야에게 가장 중요한 것은 '자신의 웃음'이다. 즉, 카트야가 웃을 수 있는 대답이 상황에 알맞은 반박 답변이 된다.

농담은 농담으로 맞받아쳐라

카트야가 웃기 시작하자 놀라운 일이 벌어졌다. 웃을 때마다 그녀는 내면이 가벼워지고 마음이 넓어지는 기분을 느꼈다. 웃음은 자유와 내면의 힘이 쌓인 저수지로 들어가는 입구였다. 내가 할 일은 카트야에게, 그리고 내면의 짐을 덜어야 하는 사람들 모두에게 명랑한 반박 답변을 제시하는 것이었다. 이 과제를 해결하려고 나는 트레이닝에 참여하는 참가자의 창의력을 최대한 활용했다.

다음에 제시된 반박 답변을 읽으면서 어떤 답변이 가장 재미있는지 마음속으로 꼽아보라. 바로 그 대답이 당신을 강하게 만들고 당신이 내면의 자원을 찾도록 도와줄 것이다. 대화 상대방이 웃기지 않으면서 기분만 나쁜 농담을 한다면 당신만의 유머로 응대하라.

카사노바 지망생의 금발 농담을 다시 한번 살펴보자.

"컴퓨터에 불이 붙으면 금발 여자는 어떻게 하는지 알아요? 백스페이스 버튼을 누르죠!"

이제 저절로 웃음이 나는 반박 답변을 몇 가지 소개한다.

- 내일 아침 9시 반쯤 웃으면 되나요?
- 와, 진심이세요? 어디 석기시대에서 시간 여행이라도 오셨어요?
- 제가 감히 이해할 수 없는 세상에서 살다 오신 것 같아요.
- 혹시 언어표현 장애가 있으세요?
- 실로폰이라도 있으면 '땡'을 치고 싶네요.
- 저한테 '유머 측정기'가 있는데 이번에는 전혀 움직이지를 않네요.
- …라고 '노잼' 유머 연구원이 말했습니다.

카트야는 마지막 반박 답변 "…라고 '노잼' 유머 연구원이 말했습니다."에서 웃음을 보였다. 사실 그녀는 이 말 또한 상당히 어리석다고 생각하지만 지금 카트야에게 필요한 것은 바로 그 어리석음이다. 여태까지 카사노바 지망생과 그가 하는 말을 진지하게 받아들이느라 너무 지쳤기 때문이다. 이제 스스로 황당한 말을 늘어놓을 때다. 그 말과 함께 카트야만의 '재미'가 시작되었다. 카트야는 어리석은 대답을 가슴에 새겼다.

마음을 가볍게 만드는 아재 개그의 힘

또다시 동료 직원과 마주쳤을 때 카트야는 여느 때처럼 금발여자에 관련된 농담을 들었다. 하지만 이번에는 상황이 완전히 달랐다.

카트야는 반박 답변을 내놓을 준비 태세를 갖추고 있었다. 그런데 회심의 반격을 시작하기도 전에 웃음부터 터져 나왔다. 두세 번 더 시도했지만 "…라고 '노잼' 유머 연구…"까지밖에 말할 수 없었다. 그 뒷말인 "…원이 말했다."는 그녀의 웃음소리에 묻혀버렸다. 카사노바 지망생은 어리둥절하게 그녀를 지켜볼 뿐이었다. 잠시 후 그가 "허파에 바람이라도 들어갔어요?"라고 퉁명스럽게 중얼거렸다. 하지만 상황은 달라졌다. 무언가가 사라졌다. 그렇다. 카트야가 늘 보이던 '분노'라는 반응이 사라진 것이다. 그렇게 카트야는 상대방의 공격을 무력화했다.

카트야는 인터넷을 검색해 여러 가지 상황에 적용할 수 있는 답변을 찾았다. 특히 "우린 다 같은 방향으로 배를 모는 사공이죠."나 "용감하면 무식하다." 등의 뜬금없는 말이 카트야의 마음을 사로잡았다.

이제 카트야의 동료는 자신의 악의적인 농담이 더 이상 그녀를 도발할 수 없다는 사실을 깨달았다. 카트야는 그의 말을 귀담아듣지 않았다. 그가 '금발'이라는 단어를 입에 담을 때마다 카트야는 "소가 노래를 부르면? 소송이죠."라는 '아재 개그'로 응수했다. 카트야에게 가장 효과적인 반박 답변은 바로 웃음이었다.

조금 어리석어 보여도 재미있는 반박 답변이 당신에게도 큰 도움이 될 수 있다. 당신은 이런 개그로 '가벼운 마음가짐'을 연습하면 된다. 그리고 상황에 완벽하게 들어맞는 웃긴 대답을 찾으려고 머리를 쥐어짤 필요도 없다. 다음은 내가 추천하는 '모든 공격을 자르기' 전략이다. 이 전략은 마치 무엇이든 자를 수 있는 칼처럼 불편한 상황을 싹둑 잘라 차단해 버린다. 당신은 상대방의 기를 꺾어 버릴 수 있다.

모든 공격을 자르는 답변은 어떤 상황에서든 작동하는 보편적인 대답이다. 몇몇 답변은 상대방을 생각에 빠지게 만들지도 모른다. 대부분은 실없는 말들이다. 조언을 하나 하자면, 그중 마음에 드는 답변을 한두 개 정도 골라 기억해두도록 하라. 그리고 다음번에 당신을 공격하는 사람에게 바로 써먹어 보라.

[막말 대응 전략 ⑯]
모든 공격을 싹둑 잘라 버리기

모든 공격을 자르는 답변은 상대방의 모든 공격을 꺾어 버린다. 당신은 어떤 상황에서든 이 대답을 사용할 수 있다. 예를 들자면 이렇다.

비꼬는 공격:
"다들 네가 멍청하다고 하던데, 전혀 그래 보이지 않는데?"

모든 공격을 자르는 답변:

- 네가 무슨 말을 하고 싶은 건지 모르겠다. 난 지금 혼자 즐거워하고 있으니까 방해하지 말아 줄래?
- 너한테 정말 잘 어울리는 말이 있어. '너나 잘하세요.'
- 그 말을 들으니까 잠이 확 깬다.
- 할 말 없다. 난 지금 혼자 즐거운 생각을 하느라 바쁘거든.
- 가만히 듣자 듣자 하니 가마니인 줄 아나.
- 그거 알아? 사람은 똑같은 강물에 두 번 뛰어들 수 없대. 강물이 흘러가 버리거든!
- 싸우는 사람은 통찰력을 가지기 힘든 법이지. 통찰력이 있는 사람은 싸움을 하지 않고.
- 고맙다. 네 덕분에 자제심이 뭔지 알게 됐어.
- 우리 할아버지가 늘 하시던 말씀인데, 자기가 하고 싶은 말만 하는 사람은 원치 않는 말도 들어야 하는 법이래.

상대방이 당신에게 그 말이 무슨 뜻이냐고 묻는다면 이렇게 대답하면 된다. "스스로 생각해!" 당신이 한 말에 대해 설명하거나 상황을 수습하는 것은 당신이 할 일이 아니다.

때로는 그냥
지나가게 두자

상당히 오랜 세월 동안 의사소통 분야 전문가로 살아왔지만 솔직하게 말해야겠다. 나 또한 때때로 상대방의 무례한 언어공격에 대응하지 않고 침묵을 지키는 경우가 있다. 그럴 때 내가 듣는 상대방의 발언은 간접적인 공격이든 직접적인 공격이든 대부분 아무런 해가 되지 않는다.

예를 들어 이런 말이다. "이봐요, 길 막고 있는 걸 모르시겠어요? 좀 지나가게 해주세요." 이럴 때 나는 아무 말도 하지 않고 그 사람이 지나가도록 한다. 하지만 상대방이 입으로 날린 가벼운 펀치를 한 방 맞은 기분이 들어 찜찜하다. 무슨 말이라도 해야 했을까?

몇 번 심호흡하며 생각해 본다. 나쁜 일은 하나도 일어나지 않았다. 상대방이 내뱉은 단어들은 공기 중으로 흩어져 금방 사라져 버렸다. 아주 잠시 스트레스 파장이 내 몸을 훑고 지나갔을 뿐이다. 상대방의 말이 나를 통과해서 다행이다. 아무 말도 하지 않는 것, 이 방법은 때때로 발생하는 위와 같은 상황을 극복하는 합리적인 방법이다. 나는 늘 이 방법을 연습한다. 일어난 일이 그대로 지나가도록 두자. 자기회의는 이제 그만! 상대방을 향한 혐오감도 넣어 두시라. 그저 그 일이 이제 다 지나갔다고 생각하라. 그리고 다시 심호흡한다.

깊이 숨을 들이마시고 다시 내쉬었다면 이제 또 다른 연습을 해보자. 지금부터 연습할 내용은 상대방의 공격에 말로 대응하는 방법이다.

다양한 반박 답변 연습하기

은근히 비꼬는 말부터 노골적인 언어공격까지, 세 가지 공격 예시를 소개하겠다. 당신은 이 예시를 가지고 연습하면 된다. 그러고 나면 당신이 터득한 반박 답변을 일상생활에서 쉽게 사용할 수 있을 것이다. 연습을 이어 나가는 동안 자신에게 알맞은 문장을 찾으면 된다.

지금부터 연습 방법을 소개하겠다. 조금만 시간을 들여 재미를 느껴보자.

1. 말 그대로 받아들이는 방법 연습하기

상대방이 은근히 당신을 비꼬는가? 하지만 비꼬는 말 때문에 굳이 기분이 나빠질 필요는 없다. 앞으로 소개할 공격 예시를 문자 그대로, 즉 칭찬으로 받아들이고 그에 대한 대답을 하자.

193

공격 예시 ① : "그거랑 똑같은 재킷이 있었는데, 얼마 전에 헌 옷 수거함에 넣었어. 그 옷을 아직도 입을 생각을 하다니, 정말 용감하네."

이제 당신의 방식대로 이 말을 문자 그대로 받아들여 답을 해 보자.

_____

_____

_____

_____

2. 되묻는 방법 연습하기

상대방의 공격 예시를 이해하고 싶지 않을 때 쓰는 방법이다. 그럴 때는 질문을 하자. 당신만의 단어 조합을 활용해 상대방의 말이 정확히 무슨 뜻인지 물어보자.

공격 예시 ② : "네 능력치고는 일을 잘하고 있구나. 네가 나만큼 경험이 많았다면 더 빠르고 전문적으로 일할 수 있었을 텐데."

이제 당신의 방식대로 이 말에 대한 질문을 해보자.

_____

_____

_____

_____

3. 모든 공격을 자르는 방법 연습하기

모든 공격을 자르기 전략에서 배운 답변을 이용해 보자. 당신이 원하는 단호한 답변을 사용한다.

공격 예시 ③: "널 보니 정말 놀랍다. 여태까지 쌓은 경력이랄 것도 없고, 대단한 일을 이루지도 않았고. 그런데도 만족하면서 살고 있잖아."

이제 당신의 방식대로 상대방의 공격을 잘라보자.

_____

_____

_____

_____

4. "그래서 어쩌라고?"를 활용하는 방법 연습하기

당신의 말수를 줄이는 방법을 연습하자. 최대한 말을 줄이면서 상대방의 신랄함에 응수하자. 이때 당신이 사용할 대답은 한두 단어면 충분하다.

공격 예시 ① : "그거랑 똑같은 재킷이 있었는데, 얼마 전에 헌 옷 수거함에 넣었어. 그 옷을 아직도 입을 생각을 하다니, 정말 용감하네."

이제 당신의 방식대로 한두 단어의 대답을 만들어 보자.

_____

_____

_____

_____

공격 예시 ② : "네 능력치고는 일을 잘하고 있구나. 네가 나만큼 경험이 많았다면 더 빠르고 전문적으로 일할 수 있었을 텐데."

이제 당신의 방식대로 한두 단어의 대답을 만들어보자.

_____

_____

_____

공격 예시 ③: "널 보니 정말 놀랍다. 여태까지 쌓은 경력이랄 것도 없고, 대단한 일을 이루지도 않았고. 그런데도 만족하면서 살고 있잖아."

이제 당신의 방식대로 한두 단어의 대답을 만들어 보자.

_____

_____

_____

"내 말 알아들었습니까?"

이나는 새로운 사장이 함께 일하기 편한 사람이라고 생각한다. 하지만 그녀를 화나게 하는 문제가 딱 하나 있다. 그것은 바로 사장이 늘 되풀이하는 똑같은 질문이다. 그는 이나에게 어떤 내용을 설명하거나 일을 시킬 때마다 마지막에 반드시 이렇게 덧붙인다. "내 말 알아들었습니까?"

처음에는 그저 짜증이 날 뿐이었다. 이나는 늘 짧게 "네."라고 대답했다. 하지만 시간이 지나자 이나는 사장의 질문에 자존심이 상했다. 사장이 자신을 이해가 더딘 사람으로 생각하는 것은 아닌가 하는 의심이 들었기 때문이다. 이나는 그동안 아무런 어려움 없이 주어진 업무를 정확하게 마무리했다.

한번은 사장이 언제나처럼 알아들었는지 물어보았을 때 이나는 그에 대해 말을 꺼냈다. 그녀는 조심스럽고 차분한 태도로 "내 말 알아들었습니까?"라는 질문이 상당히 신경 쓰이며, 그렇게 물을 때마다 자신이 평가절하당하는 기분이 든다고 말했다. 또한, 지금까지 사장이 한 말을 전부 정확히 이해했으며 만약 이해하지 못하면 그녀가 먼저 다시 설명해 달라고 요청할 것이라고 덧붙였다.

이나의 말에 사장은 놀란 눈치였다. 그는 이나를 무시하려던 의도가 아니었다고 강조했다. 그리고 다시는 그런 질문을 하지 않겠다고 약속했다.

짧은 대화는 이나가 기대했던 것보다 더 부드럽게 흘러갔다. 이나의 마음이 한결 가벼워졌다. 하지만 그것도 오래가지 못했다. 바로 다음 날부터 이나는 또다시 "내 말 알아들었습니까?"라는 질문을 들어야 했다. 이나는 화가 나서 하마터면 이렇게 대답할 뻔했다. "아니요, 이해하지 못했습니다. 사장님은 왜 또 그 질문을 하시는지요?" 이 말이 목구멍까지 올라왔지만 이나의 눈에 사장이 이미 서류를 읽고 있는 모습이 들어왔다. 그때 이나는 깨달았다.

사장은 대답을 바라고 그 질문을 하는 것이 아니었다. 그 질문은 말하자면 무의식적으로 되풀이하는 언어 습관일 뿐이었다. 예를 들어 사람들이 서로 만나면 "잘 지내세요?"라고 인사를 하듯이 말이다. 그 누구도 이 질문을 하면서 상대방이 정확하고 자세한 신변잡기를 털어놓으리라고 예상하지 않는다. 사장은 문장을 끝맺는 맺음말인 "더 질문이 없다면 내 할 말을 끝내겠습니다." 대신 "내 말 알아들었습니까?"라는 말을 사용하고 있었던 셈이다.

이제 이나는 불편한 질문에 어떻게 대응해야 하는지 잘 알고 있다. 그리고 이나의 대응 방식은 즉시 효과를 보였다. 사장이 "내 말…"이라고 시작하면, 이나는 전광석화처럼 이렇게 대답한다. "알겠습니다. 전부 이해했습니다." 그러면 사장은 고개를 끄덕일 뿐이고, 이나의 마음은 가벼워진다.

이제야 비로소 이나는 정확한 대응 방법을 깨우쳤다.

자신을 위해 이제
상처 따위 잊자, 잊어!

내가 현재 가장 빈번하게 활용하는 트레이닝 방법은 모든 것을 늘 새롭게 시작하는 능력이다. 나는 타인과의 관계에서 가장 중요한 것을 용서라고 생각한다. 그리고 나에게 용서란 나를 괴롭히는 사건을 그것이 발생한 시점과 장소에 그냥 두는 것이다. 바로 과거에 말이다.

어제는 지나갔고, 과거가 되었다. 오늘 나는 새롭게 다시 시작한다. 나는 나 자신은 물론 타인과의 관계를 오늘 새롭게 시작한다. 어제 일어난 불쾌한 사건이 연재소설이 되지 않게 하려 노력

한다. 즉, 내가 말하는 용서란 자비로움과 관대함에서 우러나오는 행위가 아니다. 불쾌한 사건으로부터 나를 지키는 행위이자 다시 되돌리는 행위다.

우리는 보통 갈등 상황에 너무 많은 에너지와 관심을 쏟는다. 누군가가 우리에게 예의 없이 행동하거나 우리를 웃음거리로 만들면 우리는 그 상황을 장기 기억으로 저장한다. 그리고 저장된 기억을 다시 생생하게 떠올리거나 골똘히 생각하거나 분석한다. 불쾌한 경험이 그렇게 우리의 영혼 깊숙이 새겨진다. 이것은 우리에게 딱 달라붙어 오랜 시간이 지나 상처가 아문 뒤에도 우리를 힘들게 만든다.

우리의 에너지와 관심은 공격자에게 대부분 집중된다. 그 사람이 우리에게 한 말과 행동 때문에 우리는 늘 기분이 나쁘다. 몇 주, 심지어는 몇 년이 지나도 그 일 때문에 화가 나기도 한다. 우리가 인생을 살아가는 데 사용해야 할 중요한 에너지가 이렇게 오래된 원한에 얽매여 있는 한 우리는 계속해서 원망과 무력함을 느낄 수밖에 없다. 이런 패턴은 과거의 고통을 현재까지 끌고 온다.

오래된 원한에 사로잡힌 사람에게는 현재 일어나는 일에 집중할 에너지가 부족하다. 이것을 용서할 방법을 찾으려면 우선 에너지를 되돌려야 한다.

용서는 이미 일어난 일을 일어나지 않은 일로 바꾸는 것이 아니다. 과거에 일어난 일을 부정하거나 완전히 잊을 수는 없다. 이미 일어난 일은 우리 삶의 한편에 자리한다. 일어난 일은 일어난 일이다. 하지만 이제 과거에 일어난 일은 완료되고 지나간 채로 두자. 과거의 일에서 우리의 에너지를 되찾아오자. 이것이 바로 용서가 되돌리는 행위인 이유다. 과거의 일을 용서함으로써 우리는 에너지를 되찾는다. 오래된 상처는 치유되어야 한다. 그리고 우리는 현재를 아무 걱정 없이 즐겨야 한다.

당신이 오랜 시간 알고 지낸 공격자나 과거의 싸움 상대를 용서한다면 마음의 짐이 덜어진 기분을 느낄 수 있을 것이다. 과거의 말싸움, 여태까지 겪은 사건들, 이 모든 것을 기억 속에서 곱씹을 필요 없다. 이제 새롭게 시작할 길이 열렸다.

당신 스스로와 주변 인물들을 마치 처음 창조된 것처럼 바라보라. 처음 만난 것처럼 상대방의 이야기를 들어라. 그리고 그들에게서 새로운 면을 발견하라. 더불어 당신 자신에게서도 새로운 면을 발견하라.

모쪼록 여러분이 과거의 불쾌한 사건을 용서하고 모든 것을 새롭게 시작하는 방법에 익숙해져서 조금 더 홀가분한 삶을 즐기길 바란다.

바바라 베르크한

이 책에 실린 모든 조언과 전략은 누구나 사용하기 쉬운 내용
이지만 그럼에도 바로 써먹지 못하는 상황이 발생할 수 있다. 예
를 들어 누군가가 당신에게 생각지도 못한 언어공격을 날려서
당신은 어찌할 바를 모른 채 아무 말도 하지 못하고 멍하니 서
있는 상황 말이다. 이런 상황에 대비해 자신만의 노트를 만들어
두는 편이 좋다. 어떤 내용이든 반박 답변을 정리해 두면 도움
이 된다. 가장 좋은 방법은 조용히 집중할 수 있는 시간을 마련
해 당신만의 문장을 생각해 보는 것이다. 당신이 가장 마음 편하
게 말할 수 있는, 그리고 당신의 상황에 알맞은 반박 답변을 적
어 보자. 다음에 나올 막말 대응법 모음을 참고해도 좋다.

당신만의 반박 답변을 노트나 단어장에 필기하자. 그리고 이 것을 달력 사이에 끼워 두거나 지갑 혹은 서류가방 안에 넣어 두자. 스마트폰이나 기타 전자기기에 저장해 두어도 좋다. 이것 은 일종의 커닝 페이퍼다. 반박 답변이 저절로 입에서 튀어나오 지 않는다면 그럴 때마다 커닝 페이퍼를 훑어보자. 당신이 대답 하기 전에 지갑 속을 들여다보고 무언가를 읽어 보는 모습을 상 대방이 어떻게 생각할지는 신경 쓰지 말자. 당신과 당신의 행동 에는 아무런 문제도 없다. 오히려 지금 당신에게 불쾌한 말을 내 던진 상대방에게 문제가 있다. 이제 당신은 잘 짜인 답변 전략을 이용해 갈등을 풀어 가면 된다.

당신만의 반박 답변을 적어 두는 방법에는 두 가지 장점이 있 다. 첫째, 필기하는 동안 답변을 어느 정도 암기하게 된다. 손으 로 직접 써 본 단어는 눈으로 읽기만 한 단어보다 더 오래 기억 에 남는다. 어쩌면 답변을 한 번 써 보는 것만으로 충분할지도 모른다. 더 이상 들춰 볼 필요가 없어진 커닝 페이퍼는 그냥 가 방 속에 잘 넣어 두면 된다.

둘째, 당신이 반박 답변으로 무장하고 있기 때문에 상대방의 비꼬는 말을 들을 기회가 줄어든다. 당신의 대화 상대들은 의식 적으로든 무의식적으로든 당신이 방어하고 있다는 사실을 눈치챌 것이다. 당신은 커다란 창고 안에 반박 답변을 쌓아 두고 여차하면 꺼내서 큰소리로 외치리라는 태도로 임하면 된다. 무장과 동시에 당신은 자신의 강인함을 내비친다. 그리고 이런 태도는 모든 잠재적인 언어공격자들을 두렵게 만든다.

만반의 준비가 끝났더라도 절대 잊지 말아야 할 점은, 얼마든지 당신에게 이로운 방향으로 대답해도 좋다는 사실이다. 즉, 당신은 어떤 말을 꺼내기 전에 충분히 생각할 시간을 가져도 된다. 상대방의 말이 끝나자마자 총알처럼 답변해야 한다는 법칙은 없다. 당신은 심사숙고해서 자신의 페이스에 맞춰 반응하면 된다.

모든 상황을 다음으로 미루는 것도 좋은 막말 대응 전략이다. 예를 들어 "지금 그 말에 대해서는 제가 3주 뒤 월요일, 대략 오후 2시 반쯤 답변을 드릴게요."라고 말이다. 그리고 당신의 진짜 반박 답변을 나중에 말하면 된다. 이렇게 해도 아무 문제 없다. 당신은 당신에게 맞게, 당신이 옳다고 생각하는 대로 답하면 된다.

하지만 때로는 당장 반박 답변을 내놓아야 하는 상황도 있다. 그러기 위해 책을 전부 훑어볼 필요 없이 뒤에 나오는 막말 대응법 모음을 참고하기 바란다.

1. 웃으며 짧은 말로 반응하는 법

[공격 예시]

"오늘 옷이 조금 촌스럽네요. 그런데 ○○씨한테는 잘 어울려요."

[답변 예시]

1. 평이하지만 많이 쓰이는 짧은 대답

- 그래서요?
- 아, 네
- 뭐라고?
- 그렇군요 혹은 그렇구나
- 어머나 혹은 아이고

2. 나이대가 조금 어린 사람들이 쓸 수 있는 대답

- 헐 혹은 헉
- 대박
- 진짜?
- 그럴 리가!
- 고마워
- 와, 그렇구나!
- 에이, 거짓말
- 오~
- 그래서?
- 어쩔
- 어쩌라고
- 응, 너도
- 어, 그래
- 와, 세상에

3. 이것보다 더 짧게 응수하고 싶을 때 쓰는 대답

- 네
- 그래
- 아하
- 휴우
- 참나

4. 조금 더 길게 말하고 싶을 때 쓰는 대답

- 제가 좋아서 입은 거예요.
- 그렇게 심한 말을!
- ○○씨가 그렇게 말씀하시니 그런가 봐요.
- 괜찮아요.
- 그럴 리가 없을 텐데요?

2. 자연스럽게 화제 바꾸는 법

[공격 예시]
"널 하루라도 안 볼 수 있으면 한 달 동안 휴가를 받은 기분일 텐데."

[답변 예시]
- 갑자기 생각났는데…(그리고 당신이 좋아하는 주제를 이야기한다)
- 그러고 보니, 그거 알아?
- 너한테 하려던 말이 있었는데, 지금 생각났어!
- 그 말을 들으니까 생각나서 말인데…
- 잠깐만, 지금 생각난 게 있어서 그러는데 내 말 먼저 들어봐.

3. 애매모호한 대답으로 넘기는 법

[공격 예시]
"채식주의자시라고요? 흠, 채식하면 성기능이 많이 떨어진다던데, 부인이 상관없대요?"

[답변 예시]
- 그럴걸요?
- 오, 그거 중요한 질문이네요. 아직 결론은 안 났어요.
- 강요할 순 없으니까요.
- 바빠서요.
- 언젠가 밝혀지겠죠.

- 답은 이미 알고 계시잖아요.
- 한번 생각해 보고 알려 드릴게요.
- 글쎄요, 한번 보죠.

4. 간섭하지 못하게 빠르게 경계 설정하는 법

[공격 예시]

"옷이 그게 뭐야? 녹색 줄무늬 바지에 핑크색 스웨터를 같이 입는 사람이 어디 있어?"

[답변 예시]
- 괜찮아. 어차피 내가 입는 거니까.
- 네 생각은 그렇구나. 난 괜찮은 거 같은데.
- 내 마음이야.
- 그럼 우린 생각이 다른가 보네.
- 내가 결정한 거야.
- 말해 줘서 고마워. 하지만 난 이대로 좋아.

5. 3단계 문장으로 간섭 거절하는 법

[답변 예시]
1. 첫 번째 문장 : 긍정적인 평가
- 나를 도와주려는 건 잘 알겠어.
- 최선의 행동을 하려는 거구나.

- 너에게는 내가 올바른 행동을 하는 게 중요하구나.
- 저를 도와주시려는 거군요.

2. 두 번째 문장 : 명확한 경계선 긋기

- 하지만 이건 내 일이야. 내가 이걸 해결할 수 있다고 믿어도 돼.
- 이건 내 문제야. 나는 내가 옳다고 생각하는 방식으로 이 일을 해결할 거야.
- 이건 제가 혼자 해결해야 하는 일이예요. 제가 결정을 내릴 겁니다.

3. 세 번째 문장 : 상대방 존중 및 감사표현

- 어쨌든 고마워, 나를 생각해 줘서.
- 하지만 네가 날 도와주려고 한 건 존중해.
- 알려 줘서 고마워요.

4. 위의 세 문장을 모두 합쳐 하나의 문장을 만든다

"너에게는 내가 올바른 행동을 하는 게 중요하구나. (긍정적인 평가) 하지만 이건 내 문제야. 뭐가 좋고 옳은지는 내가 결정해. (명확한 경계선 긋기) 아무튼 네가 날 도와주려고 한 건 정말 고마워. (상대방 존중)"

6. 상대로부터 더 많은 말 유도하는 법

[공격 예시]
"옷이 그게 뭐야? 녹색 줄무늬 바지에 핑크색 스웨터를 같이 입는 사람이 어디 있어?"

- 더 자세히 설명해 줘. 어디가 어떻게 이상한 것 같은데? 구체적으로 콕 집어서 다 말해 줘.
- 나한테 말하고 싶은 내용이 더 있는 것 같은데? 어서 다 말해 봐.
- 너는 늘 그렇게 솔직하게 말해서 좋아. 더 말하고 싶은 내용은 없어?
- 계속 이야기해 봐.
- 더 말해 줘. 네가 하는 이야기를 더 듣고 싶어.

7. 원하는 바를 정확하게 말하는 법

[답변 예시]

1. 당신에게 방해되는 상황을 묘사하는 문장

- 내가 자세히 보니까, 네가⋯(당신에게 방해되는 상대방의 행동을 묘사한다)
- 지난번에 네가 이러이러한 행동을 하는 걸 봤어.
- 내 생각엔 네가⋯
- 내가 너를 보고 깨달은 게 있는데⋯

2. 당신의 감정을 설명하는 문장

- 그래서 나는⋯(실망했어, 화가 났어, 우울해졌어, 불쾌했어, 짜증이 났어 등등)
- 그걸 보고 내가 느낀 건⋯
- 내 생각에는⋯

3. 당신의 부탁 또는 바람을 정확하게 말하는 문장

- 그래서 내가 네게 부탁하고 싶은 건⋯

- 내가 바라는 게 하나 있는데…
- 나한테는 굉장히 중요한 일인데, 네가…
- 혹시 괜찮다면…
- 내가 제안하고 싶은 게 있는데…

4. 이 세 문장을 합쳐 하나의 문장을 만든다

"어제 네가 나한테 묻지도 않고 내 지갑에서 돈을 꺼내 가는 걸 봤어.
난 그 행동이 마음에 안 들었고, 그래서 화가 났어. 앞으로는 나한테 먼
저 물어봤으면 좋겠어."

8. 몸짓언어의 의미 물어보는 법

[공격 상황]
상대방이 짜증이 난, 그리고 당신을 깔보는 듯한 몸짓언어를 보인다.

[답변 예시]
- 입꼬리를 아래로 내리셨네요. 불편한 점이라도 있으신가요?
- 방금 눈을 찡그렸네. 다른 의견이라도 있니?
- 방금 고개를 저었네. 그럼 네 생각은 어떤데?
- 어깨를 으쓱하셨네요. 무슨 뜻인가요?

9. 무시의 몸짓언어 긍정적으로 해석하는 법

[공격 상황]

당신이 말을 하는 동안 상대방이 손으로 총을 만들어 쏘는 행동을 하거나 과장되게 하품하는 등, 당신을 무시하는 몸짓을 보인다.

[답변 예시]

- 아주 즐거워 보이시네요! 어떤 사람들은 자기 손이랑 머리를 가만히 두지 못하더라고요. 활발해서 좋다고 생각해요. 그렇게 발랄하게 제 이야기에 집중해 주시니, 두 가지 정도 더 말해야겠네요. 제 생각에는 저희가 미래에…

- 네 행동을 보니까 내 의견에 찬성하는 것 같네. 그래서 말인데, 조금 더 설명을 이어가 보려고 해. 뭐냐면…

- 몇 분의 움직임을 보니까 아주 적극적으로 제 의견에 동의하시는 것 같아요. 그렇게 관심이 많으시다면, 제가 더 이야기해야겠네요. 제가 이렇게 제안하게 된 배경은…

- 재미있는 행동이네요! 맞아요, 제가 지금 아주 중요한 이야기를 했죠. 제 의견 세 가지를 다시 요약하자면…

- 그 행동은 더 길게 설명해 달라는 뜻이지? 알겠어. 네가 그렇게 원한다니 지금부터 중요한 이야기를 할 건데 그게 뭐냐면…

10. 몸짓으로 "그래서 어쩌라고?" 표현하는 법

[공격 상황]

누군가가 당신을 보면서 과장된 손동작으로 머리를 감싸 쥐는 행동을
한다. "아주 구제불능이군."이라는 뜻이다.

[답변 예시]

- **손으로 윙크하기**: 한쪽 손을 높이 들고 마치 윙크를 하듯 손가락을
  오므렸다 펴면서 반짝임을 나타내 보자.
- **나마스떼 자세**: 양손을 가슴 앞에 모아 합장을 한다. 그리고 살짝 허
  리를 굽혀 인사한다.
- **심호흡하기**: 숨을 깊게 들이쉬고 아주 천천히 다시 내뱉는다.
- **우는 척하기**: 검지를 살짝 구부려 눈가에 대고 슬픈 표정을 짓는다.
- **경례하기**: 한쪽 손을 곧게 펴고 이마에 가져다 대며 군인이 경례하
  는 동작을 취한다.
- **짜잔!**: 양팔을 몸에 붙이고 팔꿈치 아래만 들어 올려서 손바닥이 위
  로 가도록 한 뒤 상대방에게 보여 준다. 마치 마술쇼를 끝낸 사람처
  럼.

11. 엉뚱한 반응으로 상대를 당황하게 만드는 법

[공격 상황]

당신과 대화하던 상대방이 손가락으로 자신의 목을 조르는 시늉을 한다.

- 무슨 대답을 할지 생각 중이세요?
- 무슨 말을 할지 까먹으셨어요?
- 오, 그 자세 멋지네요. 무슨 소리를 내시려고요?
- 정말 재미있는 자세네요. 더 해보세요.
- 아, 저 그 자세 알아요. 어디서 봤는데. 어디더라?
- 에이, 너무 약해요. 더 세게 힘을 줘야죠!
- 이런. 정말 죄송해요. 저는 당신한테 그런 쪽으로는 관심이 없어요.

12. 상대방의 은밀한 공격을 겉으로 드러내는 법

[공격 예시]

"와. 정말 좋아 보이네! 이제야 정말 너답다. 네가 다이어트에 관심이
전혀 없다는 건 딱 봐도 알겠다."

[답변 예시]

- 그런 말을 하는 이유가 뭐야?
- 나한테 무슨 말이 하고 싶은 거야?
- 네 말을 이해 못 하겠어. 그래서 네가 하고 싶은 말이 뭔데?
- 내가 잘못 들은 것 같은데. 그게 욕이야. 칭찬이야?
- 재밌네. 근데 네가 뭘 말하고 싶은 건지 이해가 안 돼. 나한테 그렇게
  말한 이유가 뭐야?
- 나한테 뭐 하고 싶은 말 있어?

13. 상대의 말에 동의하는 척하며 받아치는 법

이 대답의 핵심은 ①당신의 단점에 수긍하고 ②당신이 그렇게 되기까지 오랜 시간 노력했다는 점을 강조한 후 ③똑같은 행동을 상대방에게 권유하는 것이다.

[상황 1]

공격: "네 문제가 뭔지 알아? 넌 야심이란 게 없어. 너무 게으르다고."

답변: "네가 그걸 알아챘다니 기쁘다. 야심을 버릴 때까지 엄청 오랜 시간이 걸렸거든. 너도 할 수 있을 거야."

[상황 2]

공격: "어떻게 하면 너처럼 그렇게까지 칠칠치 못할 수가 있는지 도무지 이해를 못 하겠어."

답변: "내가 칠칠치 못하다는 걸 눈치챘구나! 그렇게 되려고 노력 많이 했거든. 내가 어떻게 한 건지 알려 줄까?"

[상황 3]

공격: "너를 대체 누가 좋아하겠니. 어떻게 이렇게 살 수 있는지 모르겠다."

답변: "예전 같으면 신경을 썼겠지만 난 달라졌어. 이렇게 사는 게 편하거든. 너도 똑같이 해보는 게 어때?"

[상황 4]

공격: "제발 바보 같은 짓 좀 그만둬. 대체 무슨 짓이야?"

답변: "멋지지 않아? 이렇게 되기까지 엄청 오랜 시간이 걸렸단 말이야. 너도 조금만 연습하면 이렇게 될 수 있어."

14. 모든 공격을 싹둑 자르는 법

[공격 예시]

"다들 네가 멍청하다고 하던데, 전혀 그래 보이지 않는데?"

[답변 예시]

- 네가 무슨 말을 하고 싶은 건지 모르겠다. 난 지금 혼자 즐거워하고 있으니까 방해하지 말아 줄래?
- 너한테 정말 잘 어울리는 말이 있어. '너나 잘하세요.'
- 그 말을 들으니까 잠이 확 깬다.
- 할 말 없다. 난 지금 혼자 즐거운 생각을 하느라 바쁘거든.
- 가만히 듣자 듣자 하니 가마니인 줄 아나.
- 그거 알아? 사람은 똑같은 강물에 두 번 뛰어들 수 없대. 강물이 흘러가 버리거든!
- 싸우는 사람은 통찰력을 가지기 힘든 법이지. 통찰력이 있는 사람은 싸움을 하지 않고.
- 고맙다. 네 덕분에 자제심이 뭔지 알게 됐어.
- 우리 할아버지가 늘 하시던 말씀인데, 자기가 하고 싶은 말만 하는 사람은 원치 않는 말도 들어야 하는 법이래.

만약 상대방이 당신에게 그 말이 무슨 뜻이냐고 묻는다면 "스스로 생각해!"라고 대답하면 된다.

도대체
왜 그렇게
말해요?

초판 1쇄 발행 2018년 11월 5일
초판 4쇄 발행 2021년 10월 12일

지은이 바바라 베르크한 | 옮긴이 강민경

펴낸이 김남전
편집장 유다형 | 기획·책임편집 이정순 | 디자인 정란
마케팅 정상원 한웅 정용민 김건우 | 경영관리 임종렬 김하은

펴낸곳 ㈜가나문화콘텐츠 | 출판 등록 2002년 2월 15일 제10-2308호
주소 경기도 고양시 덕양구 호원길 3-2
전화 02-717-5494(편집부) 02-332-7755(관리부) | 팩스 02-324-9944
홈페이지 ganapub.com | 포스트 post.naver.com/ganapub1
페이스북 facebook.com/ganapub1 | 인스타그램 instagram.com/ganapub1

ISBN 978-89-5736-987-6 03190

가나출판사는 당신의 소중한 투고 원고를 기다립니다. 책 출간에 대한 기획이나 원고가 있으신 분은 이메일
ganapub@naver.com으로 보내 주세요.